LA BELLE OTERO

CHARLES CASTLE

LA BELLE OTERO

Traduit de l'anglais par Hélène Seyres

PIERRE BELFOND
216, boulevard Saint-Germain
75007 Paris

Ce livre a été publié sous le titre original
LA BELLE OTERO, The last great Courtesan
par Michael Joseph, Londres

Si vous souhaitez recevoir notre catalogue
et être tenu au courant de nos publications
envoyez vos nom et adresse, en citant ce livre,
aux Editions Pierre Belfond
216, boulevard Saint-Germain
75007 Paris

ISBN 2.7144.1636.5

Pour Virginia et Ludmilla Gallico

« Dès mon enfance, j'ai été habituée à voir tous les passants prendre, en me regardant, une expression de désir sensuel. Les femmes hypocrites s'en indignent ; j'ai eu la faiblesse de considérer cela comme un hommage. Est-ce donc méprisable d'être la fleur que l'on respire ou le fruit que l'on convoite ? »

Otero

Sommaire

Préface

La vente, très attendue, de ses biens eut lieu peu après le jour de Noël 1965, huit mois après sa mort. Durant toute cette période, les scellés étaient demeurés apposés sur la chambre d'hôtel où elle avait vécu, en attendant les résultats de l'enquête menée sur sa succession. Près de quatre cents personnes s'étaient rassemblées dans une salle de l'hôtel des ventes de la ville de Nice, qui donnait sur une rue étroite, au nord de l'élégant boulevard Victor-Hugo, à proximité du quartier où elle avait vécu ses dernières années. Certains, dans l'assistance, étaient venus avec l'intention d'acheter, d'autres simplement par curiosité. Les journalistes, qui avaient souvent fait preuve de patience et de ténacité quand ils guettaient devant chez elle dans l'espoir d'obtenir soit une déclaration, soit une photographie pour *Nice-Matin* ou pour la presse parisienne, s'étaient dérangés afin de témoigner des sommes énormes que ne manqueraient pas d'atteindre les fabuleux bijoux offerts par l'empereur d'Allemagne, les rois, les princes, les ducs et les millionnaires qu'elle avait connus. Le public comptait quelques amis de longue date, demeurés fidèles, mais la présence d'un inconnu suscitait la curiosité : un grand et bel homme de type berbère âgé d'une cinquantaine d'années, qu'on avait déjà vu à l'enterrement. Qui était-il ? Quel rôle avait-il joué dans l'existence de cette femme qui avait mené si grand train ?

La foule s'était déplacée pour assister à la vente des biens de Caroline Otero, mieux connue comme « la belle Otero », une des artistes les plus éblouissantes qui aient vécu en France, entre 1889 et 1914, une de ces femmes élégantes qui symbolisent pour nous « la Belle Epoque », une des personnalités de ce temps les plus hautes en couleur. Au faîte de sa gloire, ou plutôt de sa notoriété, la presse présentait cette extraordinaire danseuse espagnole comme « la femme la plus scandaleuse depuis Hélène de Troie ». Durant les vingt années que dura son « règne », elle sut charmer l'empereur Guillaume II, le prince de Galles, Alphonse XIII, le grand-duc Nicolas, D'Annunzio et Aristide Briand. Entre autres, elle posséda près du Bois un somptueux hôtel particulier, que lui avait fait construire un duc, descendant des rois de France, pour la remercier d'un souper au champagne donné en son honneur. Elle y était servie par seize domestiques et disposait d'un secrétaire particulier.

Parmi la multitude de ses admirateurs, elle en poussa quelques-uns à la ruine et d'autres au suicide, mais beaucoup lui demandèrent sa main à genoux. Elle n'est peut-être pas à l'origine du dicton prétendant que les diamants sont les meilleurs amis d'une femme, mais, plus que la plupart de ses rivales, elle fit de leur acquisition l'un des buts de sa vie. Des hommes se battirent en duel à cause d'elle et, n'ayant jamais reculé devant la violence, elle se battit elle-même contre une actrice qui avait cherché à la ridiculiser. Elle fut la reine indiscutée d'une période qui s'acheva en 1914. Jean Cocteau devait souligner combien il avait été surpris par son allure :

« J'ai vu Otero souper, hier soir. Ce n'était pas précisément une occasion ''peu habillée''. Elle s'était cuirassée de baleines, de porte-jarretelles et de jarretelles en soie, de guêtres, de gants, de corsets, de sautoirs de perles, couverte de plumes, ceinturée de velours et de satin. Elle avait relevé ses cheveux en chignon. Elle portait des faux cils, diverses broches égyptiennes et japonaises, des fourrures d'hermine et de zibeline. Pour tout dire, elle était plus harnachée qu'habillée. Cette soubrette au poitrail avantageux m'a semblé avoir autant de chances de sortir de ses vêtements qu'une huître de sa coquille. La déshabiller devrait être une coûteuse entreprise, que je ne saurais comparer qu'à un déménagement en grand. »

Si Caroline Otero fut considérée comme l'une des courtisanes les plus âpres au gain de tous les temps, réputation qu'elle disputait aux célèbres maîtresses des rois de France, Diane de Poitiers, la marquise de Pompadour ou la comtesse du Barry, elle était avant tout danseuse et son interprétation sensuelle du répertoire espagnol fut partout saluée. Plus tard, elle ajouta le chant et le mime à son répertoire, utilisant ainsi ses dons scéniques pour attirer les admirateurs.

La Grande Guerre mit fin à sa carrière et bouleversa l'existence d'un grand nombre de ses mécènes européens. Une ère s'achevait, un mode de vie disparaissait et avec eux la fortune de ses amants et de ses soupirants. Si les événements la contraignirent à abdiquer, ils ne mirent pas fin à sa légende, qui ne fit que grandir jusqu'à sa mort. L'intérêt et l'émotion que suscitait la dispersion de ses biens à l'hôtel des Ventes s'expliquaient par la célébrité de la belle Otero.

Quand les premières offres furent faites, des plateaux laqués chinois portant divers bijoux furent soumis à l'appréciation du public. Le silence profond qui régnait dans la salle fit place à des murmures d'étonnement : les plateaux ne contenaient que des objets dénués de valeur, colliers de semence de perles ou broches de strass, que portait Mme Otero lorsqu'elle sortait, durant les dernières années de sa vie. Les murmures s'amplifièrent, tandis que chacun se tournait vers ses voisins pour poser la même question : qu'était-il advenu de son fabuleux trésor ? Où étaient les trois ravissants colliers qui avaient jadis appartenu à l'impératrice Eugénie, à l'impératrice d'Autriche et à Léonide Leblanc, la maîtresse du duc d'Aumale, fils de Louis-Philippe ? On les disait inestimables et ils avaient été les pièces les plus admirées de sa collection. Où était le gilet rebrodé de pierres précieuses que lui avait donné le roi de Serbie ? Le boléro de diamants, créé pour elle par Cartier avec dix millions de francs de bijoux fixés sur une monture en or, qui comprenait trente gros diamants en pendeloques, tombant comme de grosses larmes, deux liens faits de vingt diamants chacun et une splendide agrafe faite de diamants également, qui les réunissait ? Au temps où elle se produisait sur la scène, il avait été conservé dans la chambre forte du Crédit Lyonnais, n'en sortant qu'en de rares occasions pour être transporté dans un fiacre armé et gardé par deux policiers. Seule une pièce plus intéressante fut proposée : le portrait en pied, dont l'empereur d'Allemagne avait passé commande en 1900, et qu'il avait payé mille livres sterling. Sa présentation rétablit le silence dans la salle, tandis que les personnes présentes contemplaient l'image de la grande courtisane. On demanda une offre, aucune ne vint, mais, au moment où l'objet allait être retiré de la vente, quelqu'un, dans l'assistance, en proposa l'équivalent de trois livres, somme qui fut acceptée.

Aujourd'hui, ce portrait se trouve dans un musée parisien.

La vente se poursuivit avec des offres minimes pour des souvenirs sans valeur : des photographies fanées dans des cadres en piteux état, des journaux intimes, un crucifix d'ivoire, une pendulette et deux autres portraits. Alors que la vente tirait à sa fin, ceux qui y avaient assisté ne cessaient de s'interroger sur le sort des biens de l'artiste. L'un d'eux se souvenait que l'empereur du Japon, père d'Hiro-Hito, lui avait offert une île dans le Pacifique, après qu'elle eut dansé devant cinquante mille personnes au Grand Théâtre de Tokyo. L'île avait été rebaptisée en son honneur. Quand ils se rendirent compte qu'il ne leur serait rien proposé de précieux, les amateurs, trompés dans leur espoir, se retirèrent les uns après les autres. Le bel inconnu de haute taille se leva à son tour, jetant un coup d'œil interrogateur et déçu à la fois à l'Américain âgé et distingué qui avait pris place près de lui. L'Américain lui rendit son regard, en se demandant si cet étranger n'était pas le petit réfugié algérien, adopté par Caroline Otero durant la Grande Guerre. Qu'était-il advenu de cet enfant affamé, alors âgé de deux ans ? se demandait l'Américain. Comme tant de choses, comme la belle Otero elle-même, il conserverait son mystère. Qui avait donc été cette femme extraordinaire, disposant, en sa jeunesse, de tant de richesses ? Que lui était-il arrivé et qu'avait-elle fait de sa fortune ?

I

La Carmencita aux castagnettes

Caroline Otero avait douze ans à peine lorsqu'elle prit un amant. Ce sont les circonstances familiales qui la poussèrent à se lancer à un âge aussi tendre dans la carrière amoureuse. Son père, un joueur malchanceux, avait été assassiné par l'amant de sa mère. Quand ce dernier, après avoir quitté quelque temps l'Espagne, y revint pour épouser sa maîtresse, les enfants quittèrent l'un après l'autre la maison. Seules Caroline et sa plus jeune sœur restèrent au foyer des nouveaux époux. L'atmosphère n'y était pas favorable à l'aînée. Caroline écrira plus tard que sa mère s'était retournée contre elle sans raison apparente : « Aigrie par les ennuis qu'elle s'était attirée, ma mère semblait décidée à me punir pour compenser les péchés qu'elle avait commis et les souffrances qu'elle avait connues. » Caroline s'entendait accuser d'avoir monté les autres enfants et de les avoir incités à partir. Quand son beau-père et sa mère se querellaient, on lui reprochait d'être la cause de leur différend. Tenue responsable de toutes les dissensions domestiques, elle se replia sur elle-même. Ce retranchement ne fit qu'exaspérer davantage sa mère, qui l'envoya en pension, dans les environs de Balga. La jeune fille allait y être plus misérable encore.

Carmencita Otero, la mère de Caroline, était gitane. Elle dansait, chantait et disait la bonne aventure pour gagner sa vie. C'était une créature au caractère violent, de peu de moralité. Il est rare qu'une gitane se marie en dehors de sa tribu, mais, quand un jeune et tenace officier grec du nom de Carasson l'obligea à l'épouser, elle résolut de le lui faire payer un jour et veilla à ce que sa prédiction se réalisât.

Carmencita et l'officier grec s'étaient rencontrés en 1863, près du port de Cadix. Elle voyageait en carriole à travers l'Andalousie. Elle était belle. On a prétendu qu'elle avait posé pour une tête de vierge, à Cadix. Alors qu'elle étendait son linge, un groupe d'officiers se rendant à Cadix passa près de sa roulotte. Désireuse de gagner quelques pesetas, Carmencita saisit ses castagnettes et se mit à danser. Séduits, les officiers lui jetèrent quelques pièces de monnaie. Souhaitant obtenir davantage, la gitane proposa de leur vendre des oranges. L'un des officiers, Carasson, touché par sa farouche beauté, mit pied à terre pour la complimenter, mais, ne parlant pas l'espagnol, il ne put se faire comprendre. Il acheta quelques oranges à la Carmencita et lui en donna un bon prix, avant de reprendre la route sous les plaisanteries de ses camarades. Il se promit de revenir.

Carasson posa des questions sur la Carmencita dans une auberge voisine. Le patron le prévint qu'il perdait son temps.

« Ces gitanes sont des coquettes nées, assura-t-il. Elles acceptent les cadeaux, mais n'accordent leur cœur qu'à ceux de leur race. Elles se jouent de vous, prennent votre argent, puis vous repoussent. Voyez-vous ce jeune homme, dans le coin ? poursuivit-il, en désignant un Français qui achevait une bouteille de xérès. Voilà trois semaines qu'il s'efforce de faire sa conquête, mais elle ne veut rien entendre. »

Carasson retourna pourtant voir la Carmencita et la couvrit de cadeaux. Ses efforts étaient inutiles ; si elle acceptait ce qu'il lui offrait, ainsi que l'avait dit l'aubergiste, elle ne lui donnait rien en retour. S'avouant vaincu, Carasson décida de se rendre à Paris. Il ne put y oublier la gitane. Il mit l'un de ses amis dans la confidence. Celui-ci, qui parlait bien l'espagnol, s'offrit de l'accompagner à Cadix pour l'aider à faire sa cour. Quand ils arrivèrent dans cette ville, la jeune fille n'y était plus. Ils la retrouvèrent dans les environs de Séville. Carmencita se montra inflexible, en dépit des efforts du compagnon de Carasson. Comprenant l'intérêt qu'elle portait à l'argent, le Grec résolut de l'aborder de façon plus directe. Il fit demander si elle accepterait de danser pour ses invités, à une soirée qu'il projetait de donner le lendemain.

— Il vous offrira beaucoup d'argent si vous dansez pour ses invités, promit l'ami.

— Combien ?

Elle exigea davantage, puis précisa qu'elle ne danserait que dans la journée.

— Les soirées ne sont pas pour moi. Je préfère le soleil à vos chandelles. Je n'ai jamais dansé dans une maison. Seulement sur la route ou sur les places publiques.

Ils lui offrirent une plus forte somme et son âpreté au gain l'incita à accepter. Elle refusa de danser, se proposant de lire les lignes de la main. Quand elle se présenta à l'auberge où devait avoir lieu la fête, elle découvrit qu'aucun invité n'était attendu en dehors d'elle-même. Elle s'enfuit aussitôt.

La fuite de la jeune fille inspira à Carasson le désir

de la posséder à tout prix. Il engagea plusieurs hommes pour l'enlever et l'amener jusqu'à sa villa.

Faisant appel aux quelques mots d'espagnol enseignés par son ami, il s'efforça de tranquilliser Carmencita en lui assurant qu'il était en mesure de faire d'elle une femme riche, qu'elle disposerait de beaux vêtements, de bijoux et d'une maison avec un jardin. L'idée de se trouver à la tête de tant de biens la calma. Carasson put la prendre dans ses bras sans qu'elle lui oppose de résistance.

La passion de Carasson pour cette étrange fille ne s'apaisa pas une fois qu'elle fut sa maîtresse. Fidèle à sa promesse, il fit l'acquisition d'une hacienda à proximité de Cadix, et y installa la jeune femme. Au cours des sept années qui suivirent, elle lui donna deux fils, puis des jumelles (nées le 20 décembre 1868 ; l'une d'elles était Carolina, plus tard connue sous le nom de Nina ou de Caroline). Carasson estima que le temps était venu de légaliser sa liaison et de légitimer ses enfants. Il épousa Carmencita, qui mit au monde deux autres enfants, un garçon et une fille. La maternité ne modéra pas la cupidité et l'égoïsme de la gitane. Cette femme extravagante coûtait trop cher à Carasson, bien qu'il ait continué à l'adorer. Il décida de déménager et acquit une propriété à Balga, dans le nord de la Galice. Si Carasson avait pensé qu'un changement de vie pourrait freiner les dépenses exagérées de sa femme et calmer son agitation, il fut déçu. Des querelles toujours plus violentes divisèrent le couple. Dans l'espoir de se concilier à nouveau les bonne grâces de sa femme, Carasson lui offrit un voyage à Paris. Ils emmèneraient sa fille favorite, Caroline.

A cinq ans, Caroline était grande pour son âge et beaucoup mieux faite que ses sœurs. Elle avait hérité de la beauté de sa mère et son charme séduisait tous ceux qui la rencontraient. La découverte de Paris allait laisser à l'enfant une impression durable, car la capitale française restera toujours pour Caroline synonyme de rire et de gaieté.

Le retour à Balga marqua la reprise des brouilles. Carasson chercha une consolation dans le jeu et ne cessa de perdre. Les rapports conjugaux se détériorèrent plus encore quand il fallut mettre en gage les bijoux de Carmencita pour payer les dettes de son mari. Dépouillée des biens matériels auxquels elle était si attachée, elle chercha à s'en procurer ailleurs. Elle prit des amants et s'afficha avec eux. Une nuit, elle rentra chez elle vêtue d'une élégante robe décolletée, un châle brodé jeté sur ses épaules nues.

— Où étais-tu passée ? demanda son mari, bouleversé.

— J'étais sortie, répondit-elle, en lui lançant le nom de son dernier amant.

Sans accorder la moindre attention à Caroline, qui dormait aux pieds de son père, Carmencita alla passer la nuit dans un autre lit. Elle en ferait désormais une règle.

Carasson joua et s'endetta plus encore. Refusant d'accepter les restrictions qu'il lui imposait, sa femme devint la maîtresse d'un négociant en vins français, qui lui offrit le luxe dont elle rêvait. Leur liaison devint si publique que Carasson fut contraint de provoquer son rival en duel. Tireur d'élite, il s'estimait sans doute en meilleure position qu'un civil ; il n'est pas sûr, par ailleurs, qu'il ait encore beaucoup tenu à la vie. Juste avant l'aube du matin où avait lieu la rencontre, Caroline, ayant perçu l'atmosphère tendue qui régnait dans la maison, se précipita en pleurant dans les bras de son père. Il la réconforta, puis sortit. Elle ne le revit plus vivant.

Plus tard, dans la matinée, Caroline se faufila dans la chambre où le corps de son père était exposé. L'air ambiant y était alourdi par le parfum des fleurs de bougainvillée et de jasmin dont on avait couvert le défunt. Des cierges brûlaient au pied et à la tête du lit, près duquel ses frères, agenouillés, priaient. Carmencita, le visage voilé par une mantille noire, lisait la Bible à la lueur d'une bougie.

Son amant ayant fui en France par crainte des poursuites, Carmencita eut du mal à joindre les deux bouts. Les objets qu'elle possédait furent vendus pour régler les dettes de son mari et l'hacienda, jadis bien meublée, se vida. Il lui restait peu d'argent pour nourrir ses enfants. Caroline se souviendrait que, durant cette période, le pain et le fromage avaient souvent constitué l'essentiel des repas.

Au bout de quelque temps, le négociant estima qu'il pouvait revenir et reprit sa liaison avec Carmencita. Celle-ci le persuada de vendre sa maison de commerce, en France, et de s'installer chez elle. Ils se marièrent peu après. Les enfants trouvèrent sa présence intolérable : le « meurtre » de leur père et le mariage de cet homme avec leur mère faisaient scandale. Caroline et ses frères étaient tourmentés par les enfants du pays et soumis à toutes sortes d'humiliations. Les frères aînés se rebellèrent et s'en furent vivre chez un vieil ami de leur père, qui proposait de se charger de leur éducation. On ne les revit jamais. Le troisième fils partit un peu plus tard dans un internat. Des parents de Carasson prirent chez eux la jumelle de Caroline, laissant cette dernière et la plus jeune des sœurs dans une maison où elles n'étaient pas heureuses. Comme Nina rappelait sans cesse à Carmencita son ancien mari, sa présence excéda celle-ci qui la plaça dans une pension des environs, refusant de verser le moindre sou pour son entretien et son éducation. Caroline frotta donc les sols, lava la vaisselle et servit les autres élèves pour payer son écot.

II

Les débuts

Quand Nina partit de chez elle, ce fut sans doute avec l'espoir de mener une tout autre existence dans l'imposant bâtiment blanc qui abritait la pension. Elle s'était trompée. La manière dont sa mère s'était comportée envers elle n'était rien en comparaison du traitement que lui réservaient les directrices de cette école, les deux sœurs Juanita et Pepita, décidées, semblait-il, à la briser. Envoyée à la cuisine, Caroline y accomplit les tâches les plus humbles. Elle eut droit à un minimum d'heures d'enseignement et de sommeil, puis sombra dans le désespoir : « J'étais si malheureuse que je souhaitais mourir, notera-t-elle plus tard. Je cherchais comment je pourrais me tuer. Enfin, j'eus une idée. On m'avait appris que le produit dont on imprégnait le bout des allumettes était nocif. Je réunis autant d'allumettes que je le pus, les trempai dans de l'eau bouillante et avalai ce mélange. La teneur en poison était trop faible pour me causer autre chose qu'une forte indigestion. Ma tentative de suicide passa inaperçue. » Elle avait à peine dix ans.

Elle se fit alors une amie, Paquita, son aînée de deux ans. Paquita était aussi heureuse que Nina était misérable. Ses parents lui rendaient souvent visite et lui apportaient des cadeaux. Comme elle était l'une des élèves favorites des deux sœurs, on lui donnait peu de travail. Nina fut surprise par la gentillesse de Paquita, qui partageait ses cadeaux avec elle. Ce fut la seule personne dans cette école qui se montra chaleureuse à son égard. Paquita aida Nina à prendre un peu l'air, car les sœurs lui avaient interdit de mettre le nez dehors, pour la punir d'avoir négligé ses tâches. Quand tout le monde était couché, Paquita descendait sur la pointe des pieds et ouvrait la porte pour laisser sortir Nina.

Un jour où on lui avait demandé d'aller chercher de l'eau au puits, Nina croisa un jeune homme. Il s'arrêta pour lui parler, mais, de crainte d'être surprise en conversation avec un inconnu, la jeune fille pressa le pas. Le lendemain matin, au cours de la messe, Paquita glissa un billet dans la main de Nina. C'était une lettre d'amour du jeune homme, qui signait Paco. Il la suppliait de le retrouver ce soir-là, à 7 h 30, dans le sentier qui longeait l'arrière de l'école. Nina se confia à Paquita, qui réussit à lui procurer une clé.

— Tu es la plus jolie fille que j'aie jamais vue, lui déclara Paco. Ta peau est si douce et tes yeux brillent comme des diamants.

A douze ans, Nina était très jolie ; on lui en aurait donné seize, car elle était grande, plus d'un mètre cinquante, et très développée.

Paco lui offrait une affection et un intérêt que nul ne lui avait prodigués auparavant. Elle prit l'habitude de le retrouver et éprouva, grâce à lui, un sentiment nouveau de liberté. Sachant qu'il viendrait l'attendre à la fin de la journée, elle supportait mieux les besognes fastidieuses et dégradantes. Quand elle fut plus sûre de lui, elle le supplia de l'emmener en ville. Elle voulait se rendre dans l'un des « cafés chantants », où les jeunes gens se retrouvaient pour danser, selon la tradition du pays. De même que son extraordinaire beauté, elle avait hérité de sa mère une passion pour la danse. Carmencita avait d'ailleurs encouragé très tôt cet intérêt, en lui glissant des castagnettes aux doigts et en lui apprenant les mouvements des danses gitanes. Paco céda enfin à ses prières et la présenta à deux frères qui possédaient l'un des cafés locaux. Elle proposa de danser chez eux et, séduits par ses grands yeux noirs brillants et son corps de femme, ils acceptèrent. Dans une pièce en sous-sol, où les clients buvaient et fumaient le cigare à des tables alignées contre les murs, Nina s'avança sur une petite piste de danse qu'éclairait la lumière vacillante des becs à gaz. Les spectateurs acclamèrent cette fille mince, dont les mouvements sensuels s'accordaient si bien avec le rythme trépidant des castagnettes. Les propriétaires du café lui offrirent un cachet de deux pesetas par soirée — le double du salaire habituel — pour venir danser chez eux. Elle accepta, mais c'est Paco qui prit l'argent et qui lui donna, pour seule récompense, quelques bonbons, dont elle se contenta, en toute innocence.

Enchantée de son succès, subjuguée par les applaudissements, Nina dansait avec une énergie farouche pour mieux plaire à son public. Plus tard, on dirait d'elle : « Quand elle marche, on croirait qu'elle danse. » A l'apogée de sa gloire, elle recevrait 3 000 marks par soirée, à Berlin, et 35 000 francs par mois, aux Folies-Bergère. La coutume voulait que, dans les cafés espagnols, les artistes fassent le tour de l'assistance et quêtent pour compléter leur salaire. Nina s'y refusa : « Je serais fâchée si les gens refusaient de me donner quelque chose et je leur ferais sans doute une réflexion. Si vous ne voulez pas qu'il y ait de scènes dans votre café, il vaut mieux ne pas insister. »

Sa liberté nocturne allait être de courte durée. Paco avait la réputation de jeter par les fenêtres l'argent qu'il soutirait aux filles publiques. Le *sereno,* le veilleur de nuit de la ville, le surveillait donc. Quand il le vit rôder autour du pensionnat, il fit le guet et surprit ses rendez-vous avec Nina. Il en informa aussitôt les deux sœurs.

— On nous a averties que l'une de nos élèves retrouvait un jeune homme tous les soirs. Est-ce toi ? demanda Pepita.

— Bien sûr que non, protesta Nina, terrifiée.

— Alors jure devant Dieu que ce n'est pas toi, exigea Juanita, en poussant une Bible sur son bureau, en direction de la jeune fille.

Nina était prise au piège. En bonne catholique, elle n'osait mentir de crainte des conséquences religieuses. Elle soutint que sa parole suffisait. Elle ignorait pourtant que toutes les élèves de l'école avait été contraintes de prêter serment avant elle. Elle fut donc déclarée coupable. On l'accabla de deux fois plus de corvées et on l'enferma tous les soirs dans sa chambre, après le dîner. Sa pire punition fut de ne pas revoir Paco. Que devenait-il ? Se consolait-il avec une autre fille ? Allait-il penser qu'elle se désintéressait de lui et de la danse ? Elle trouva tout de même le moyen de se consoler en partie, une fois qu'elle était enfermée dans sa chambre, car elle mettait sa jolie robe et répétait les danses qu'elle aimait tant.

Un jour, pourtant, elle crut avoir trouvé le moyen de se venger des deux sœurs. Le curé de la paroisse devait faire l'une de ses visites périodiques au pensionnat. Juanita l'invitait toujours à déjeuner et lui préparait des spécialités. Nina, bien entendu, faisait le gros du travail. Alors qu'un ragoût cuisait à petit feu sur la cuisinière, Nina guettait l'arrivée du curé par la fenêtre de la cuisine, installée au sous-sol. Elle entendit soudain le claquement d'un piège. Diverses sortes de rongeurs vivaient aux abords de la cuisine, aussi avait-on posé de nombreux pièges pour les attraper. En les passant en revue, Nina vit qu'un rat s'était pris. Elle tenta de l'achever avec un tisonnier, mais elle avait peur de s'en approcher et le manqua. Elle eut alors l'idée de l'ébouillanter avec du bouillon. Elle se dit qu'elle tenait là un moyen de se venger des deux sœurs. Elle allait surpasser Juanita et offrir au curé un mets rare. Saisissant le rat par la queue, elle le laissa tomber dans le ragoût. Elle se mit à rire et regagna en sautillant la fenêtre pour voir le curé descendre de sa carriole. Il lui parut si âgé, si vulnérable qu'elle fut saisie de remords et voulut récupérer le rat. Il était trop tard : l'animal s'était défait. Son désir de se venger fit place à une crise d'hystérie. Elle se mit à frapper la porte de la cuisine de ses poings, en poussant des hurlements. Les deux sœurs et le curé se précipitèrent à la cuisine, en ouvrirent la porte et trouvèrent Nina, en sanglots, sur le sol. Elle fut conduite à l'infirmerie et le curé partit chercher un docteur. Quand il revint, Nina était plus calme, mais, sentant que le docteur lui permettrait peut-être de sortir du pensionnat, elle lui demanda dans un murmure de la tirer de là. Juanita et Pepita étaient trop proches pour qu'elle pût s'expliquer, mais ses grands yeux noirs le suppliaient de la comprendre. Il eut pitié d'elle.

— Cette enfant est dans un état de grande tension nerveuse. Il lui faut du repos et de l'air frais.

Les deux sœurs se détournèrent pour se consulter, et Nina en profita pour répéter :

— Emmenez-moi, s'il vous plaît, emmenez-moi.

— Il ne lui est pas possible de trouver ici le repos dont elle a besoin. Je vais la prendre chez moi et vous la rendrai quand elle sera rétablie, décida le docteur.

Les deux sœurs ayant accepté à contrecœur, le curé

et le docteur aidèrent Nina à monter dans la *tartane,* tirée par un mulet, et la conduisirent chez le docteur.

Libérée des contraintes imposées par la vie de pensionnat et par les deux sœurs, Nina demanda la permission de recevoir son cher « cousin » Paco. Le naïf docteur la lui accorda et Paco vint la voir à intervalles réguliers. Pendant ces visites, Nina était chaperonnée par les deux filles du docteur. Se rendant compte que cette liberté n'aurait qu'un temps, elle décida de s'enfuir avec l'aide de Paco. Un jour où le docteur et sa femme étaient sortis, Nina persuada leurs deux filles d'aller faire une course et supplia Paco de l'aider à fuir.

— Je gagnerai de l'argent en dansant, dit-elle.

— Sans doute. Et si nous allons à Lisbonne, j'ai des amis qui pourront te faire engager dans un théâtre.

— S'il te plaît, Paco. Je n'ai pas besoin de beaucoup.

Elle se hâta de faire un paquet de sa robe de danse et de quelques objets, puis sortit de la maison derrière Paco. Comme ils atteignaient la grille, ils tombèrent sur les deux filles du docteur, qui revenaient.

— Je vais faire un tour avec mon cousin. Je serai de retour dans l'heure.

Se sentant coupable de tromper une famille qui l'avait bien traitée, Nina courut prendre avec Paco le train pour Lisbonne. A leur arrivée, ils s'installèrent dans un petit hôtel de la rue de l'Oro et y demeurèrent plusieurs semaines. C'est alors qu'il fut mis fin de manière brutale à leur idylle.

Le docteur avait averti l'école de la fugue de Nina et les deux sœurs avaient prévenu sa mère. Carmencita n'eut guère de mal à retrouver la trace de sa fille et chargea la police de la lui ramener. L'humiliation de traverser Lisbonne sous escorte policière ne fut rien, pour Nina, à côté de la réception qui l'attendait chez elle.

« Tu nous as déshonorés. T'enfuir avec un amant, à ton âge... Tu es une créature dégénérée. Tu as perdu tout sens de la dignité. »

Carmencita ne décolérait pas. Elle accusa même Nina d'être la cause de son abandon par son second mari, qui n'avait pu supporter sa langue de vipère et ses emportements. Nina résolut de s'enfuir à nouveau. Lorsque Paco entra en rapport avec elle par l'intermédiaire d'un ami et lui proposa de le retrouver à la gare, elle lui fit dire qu'elle acceptait. Le jour dit, pourtant, Nina était couchée, victime de la grippe, et elle ne put le lui faire savoir. La tension continua donc à monter entre la mère et la fille jusqu'au moment où Nina refusa d'être traitée plus longtemps de cette façon et se rebella.

« Hors d'ici ! Je ne veux plus jamais te revoir », lui cria sa mère.

Nina la prit au mot et monta dans le premier train en partance pour le Portugal, dans l'espoir de mener de nouveau l'existence heureuse qu'elle avait connue auprès de Paco. En cours de route, son courage faiblit, toutefois : elle se rendit compte qu'elle n'avait ni argent, ni amis, ni logement. Effrayée de sa propre audace, elle se mit à pleurer. Un contrôleur charitable s'intéressa à son sort :

— Qu'as-tu donc, petite ?

— J'ai perdu mon billet. Que vais-je devenir ? Je n'ai plus d'argent.

Elle ajouta qu'elle se rendait dans sa famille, à Lisbonne, et qu'elle avait perdu tout ce que sa mère lui avait donné pour le voyage.

— Ne t'inquiète pas, ma jolie, la consola le vieil homme.

Il la laissa voyager sans payer et lui prêta soixante pesetas. Nina ayant promis de les lui rendre, il lui donna son adresse.

Ainsi pourvue, elle se dit qu'elle pourrait subsister quelques jours et réfléchit à la manière dont elle allait gagner sa vie.

En arrivant dans la capitale portugaise, elle prit pension dans un hôtel. Le gérant trouva suspect qu'une jeune fille voyage sans chaperon et l'interrogea sur sa famille. Nina lui dit qu'elle attendait l'arrivée de son fiancé, et, pour atténuer ses soupçons, elle se fit écrire une lettre par Paquita, son amie de pension, lui demandant de se faire passer pour sa mère. Elle avait prévenu Paco de l'endroit où elle logeait, mais en voyant passer les jours et fondre son argent sans qu'il se manifeste elle s'inquiéta.

Dès le premier jour, elle était allée louer un piano pour pouvoir s'exercer au chant. Il se trouva que la chambre voisine de la sienne était occupée par le directeur artistique du théâtre Avenida. Un matin, il s'arrêta pour lui parler et lui expliqua qu'il s'était réfugié à l'hôtel, car sa maison était aux mains d'un décorateur. Il la complimenta sur sa voix charmante et lui demanda si elle aimerait une loge, pour le même soir. Bien entendu, Nina accepta. Le directeur la présenta à sa femme, en précisant qu'elle avait une jolie voix et qu'il aimerait bien l'engager. Nina voudrait-elle chanter à l'Avenida ? Que souhaiterait-elle recevoir comme cachet ? Nina fit un calcul rapide, en se fondant sur l'aspect du théâtre.

— Mille pesetas par mois, annonça-t-elle, en s'attendant un à refus indigné.

— Vous aurez deux semaines de répétition avant vos débuts, lui fut-il répondu.

Quand on en vint à établir le contrat, le directeur avertit Nina que sa mère devrait venir le signer à sa place, puisqu'elle était mineure. Nina décida d'être franche et raconta son histoire au directeur et à sa femme, depuis la mort de son père jusqu'à son arrivée à Lisbonne. Le directeur accepta de ne pas contacter la mère et laissa Nina signer son engagement. Pour lui manifester sa gratitude, Nina proposa de danser aussi, pour le même cachet. Elle leur ferait une démonstration, ce soir-là, devant les pensionnaires de l'hôtel. La femme du directeur s'offrit à l'accompagner au piano. Après une courte répétition, Nina prit ses castagnettes et se mit à danser. Elle plut beaucoup et le directeur décida qu'elle danserait et chanterait dans la prochaine opérette montée par l'Avenida et intitulée *La Gran Via*. Il invita Nina à venir habiter chez eux quand leur maison serait prête. Il se chargerait de régler sa note d'hôtel, qu'il déduirait de son premier salaire.

Pour ses débuts sur la scène, Nina remporta un succès fou. Elle avait drapé sa haute silhouette mince, mais bien formée, dans un châle espagnol et perché un chapeau sur le côté de sa tête ; elle dansa en lançant des œillades et enthousiasma le public. Les fleurs jonchèrent la scène, mais le plus gros bouquet lui fut jeté par une femme, Maria de Mendoça, fille d'un général et maîtresse d'un duc ; alors que Nina saluait pour la remercier, Maria lui envoya un baiser. Les deux femmes se reverraient à Paris, des années plus tard.

Nina se trouva bientôt recherchée de tout côté et sa célébrité lui attira des invitations de ses admirateurs de

Lisbonne. Elle allait entamer une longue série de liaisons avec des hommes riches, qu'elle traitera, le plus souvent, avec indifférence. Ils la couvriront d'or, de bijoux, de vêtements, lui offriront terres et biens immobiliers, mais elle n'accordera que rarement son cœur.

Dans la journée, Nina était libre, aussi en profitait-elle souvent pour explorer la capitale. Un jour où elle se promenait dans la rue la plus élégante de Lisbonne, elle s'arrêta devant une bijouterie renommée. Comme elle semblait fascinée par les objets exposés, un homme d'une quarantaine d'années, portant des lunettes cerclées d'or, s'arrêta près d'elle. Il avait vu son numéro, au théâtre, et en avait été charmé. Rencontrer une femme dont il rêvait devant une vitrine était pour lui une occasion unique de faire sa connaissance. Il se tourna vers elle, la complimenta sur son talent et lui demanda ce qui lui plaisait le plus, parmi ces bijoux. Nina lui indiqua une parure exquise, faite d'une tiare, d'un collier, d'un bracelet, de boucles d'oreilles et d'une bague. Cet ensemble était le plus coûteux de la boutique. « J'aurais plaisir à vous l'offrir. Accepteriez-vous ce cadeau de la part d'un de vos plus grands admirateurs ? »

Nina, qui avait du mal à croire à sa bonne fortune, accepta aussitôt. Une fois la parure enveloppée, elle lui fut remise et le donateur l'accompagna dans la rue. Elle ignorait qui il était, mais elle ne doutait pas de son extrême richesse. Quand il lui proposa de répondre à tous ses désirs et de prendre soin d'elle, si elle renonçait au théâtre, Nina accepta de réfléchir à sa proposition et de le revoir le lendemain pour lui donner une réponse.

Une fois chez le directeur du théâtre, elle s'isola derrière le paravent qui masquait son lit et examina le présent. L'ensemble valait sans doute une fortune, mais elle se demandait à combien il était estimé et qui était son bienfaiteur. Il était évident qu'il était connu à la bijouterie. Nina décida donc de retourner là-bas pour s'informer. L'un des employés qui parlait l'espagnol lui apprit que son admirateur était l'un des banquiers les plus riches de la ville et que le montant de la parure représentait un cadeau princier. Nina résolut de revoir cet homme le lendemain.

Quand il la vit venir au rendez-vous, le banquier, ravi, appela une voiture et emmena Nina visiter un meublé qui devait, disait-il, lui convenir. A l'arrivée, ils furent reçus par la propriétaire, une femme au ton impérieux, qui semblait bien connaître le banquier. Elle montra un bel appartement à Nina, qui pour la première fois de sa vie allait pouvoir se dire chez elle. Le banquier lui assura qu'elle aurait toute liberté pour faire des achats et ouvrir des comptes où elle le souhaiterait. Il y mettait une condition : elle renoncerait à la scène. Et son contrat ? objecta-t-elle. Sans valeur, répondit-il, car elle était sans doute mineure. Elle hésitait, soulignant qu'elle ne pouvait laisser le directeur du théâtre dans l'embarras, qu'il lui fallait finir la semaine. Le banquier y consentit, à condition qu'elle s'engageât à ne plus remonter sur une scène. Nina promit. Le même soir, le banquier envoyait son secrétaire informer le directeur que Nina ne jouerait plus chez lui dès la fin de la semaine, étant donné qu'elle était mineure et que le contrat était nul et non avenu. Le pauvre homme était d'autant plus furieux que sa femme et lui s'étaient dévoués pour la jeune fille. Nina ne s'émut pas. Ce ne serait pas la dernière fois qu'elle répondrait à une manifestation de générosité par de l'ingratitude.

Nina apprécia bientôt la vie confortable et indépendante qu'elle menait désormais, même si la propriétaire surveillait ses allées et venues. La jeune femme trouvait agréable de disposer d'assez d'argent pour acheter tout ce qui la tentait et d'avoir un amant qui lui faisait présent de vêtements et de bijoux. Tout ne lui plaisait pourtant pas dans cette existence. Le banquier était fou d'elle et au cours de ses visites du matin et du soir il lui témoignait une affection envahissante à laquelle elle était incapable de répondre. Il la suppliait de lui dire qu'elle partageait son amour, mais elle s'y refusait. Elle assurait que, si elle était reconnaissante, très reconnaissante à son égard, elle ne l'aimait pas.

Plus les jours passaient et plus l'ennui la gagnait. Elle n'avait pas d'amie avec qui partager sa bonne fortune. Ses pensées se tournèrent donc à nouveau vers Paco. Elle avait appris qu'il était à Barcelone, mais le banquier ne lui permettrait jamais de se rendre dans cette ville. Le bienfaiteur commençait d'ailleurs à se lasser du refus de la danseuse de partager sa passion et ses visites s'espaçaient. Nina s'ennuyait et le souvenir de Paco lui paraissait toujours plus séduisant. Elle avait eu l'intelligence d'épargner l'argent que son amant lui avait remis, faisant porter tout ce qu'elle avait acquis sur des comptes ouverts çà et là. Elle était donc en possession d'une somme équivalant à près de cent mille pesetas. Elle avait remboursé le receveur des trains. Son désir de revoir Paco était devenu une obsession et elle était résolue à se rendre à Barcelone pour le retrouver.

Elle établit son plan avec soin. Elle retourna rue de l'Oro et persuada le portier de l'hôtel, qui se souvenait d'elle, de l'aider à quitter Lisbonne. Contre la promesse d'un gros pourboire, il voulut bien venir chercher ses bagages et la conduire à la gare, où elle prendrait l'express de l'après-midi, à destination de Barcelone. Elle regagna l'appartement, empaqueta avec soin ses biens les plus précieux de manière à n'éveiller ni les soupçons du banquier, ni ceux de la propriétaire. Ayant envoyé la propriétaire en course et n'attendant pas le banquier avant plusieurs heures, elle écrivit à la hâte à ce dernier une lettre de remerciements et d'explications, rassembla ses sacs et, accompagnée du grand danois qu'elle s'était offert pour lui tenir compagnie, suivit le portier à la gare.

Une fois à Barcelone, Nina descendit dans un grand hôtel, l'hôtel Las Ramblas. Pour circuler dans la ville, il lui fallait un chaperon. Elle engagea une femme de chambre, du nom de Rosalie. Ayant appris que Paco était un habitué du Palais de Cristal, fréquenté par les hommes de la bonne société, qui y faisaient la cour aux demoiselles et aux dames du public et de la scène, Nina loua une loge pour la représentation d'une nouvelle opérette à succès et s'y rendit en compagnie de Rosalie. La présence d'une beauté inconnue, portant parure de diamants et robe de soie pourpre fort décolletée, fit sensation. La loge de Nina fut assiégée par les admirateurs, dont les fleurs s'empilèrent tant à l'intérieur qu'à l'extérieur. Plus la nouvelle de la présence d'une dame distinguée d'une grande beauté se répandait, et plus les jeunes gens se pressaient pour mieux la voir. Parmi eux se trouvait Paco, qui jouait pour le compte de la direction et à qui l'on avait demandé de présenter les compliments de la maison. En découvrant que la femme mystérieuse n'était autre que Nina, la surprise fit place chez lui à l'orgueil, car il comprit, en dépit des dénégations de la jeune femme, qu'elle était venue pour lui. Elle se montra ravie de le revoir et dès qu'ils le purent ils louèrent un petit appartement pour y vivre ensemble.

Durant une courte période, tout alla bien pour eux. Grâce à l'influence de Paco auprès de la direction du Palais de Cristal, Nina obtint un rôle dans l'opérette suivante, *le Voyage en Suisse,* pour un cachet triple de celui qu'elle avait touché au théâtre Avenida. Elle eut un succès immédiat et les recettes s'élevèrent, tandis que les foules se pressaient pour découvrir la nouvelle vedette. Cette dernière ne voyait pourtant qu'une faible partie de l'argent qu'elle gagnait, car lorsqu'elle le touchait, à la fin du mois, Paco le prenait pour payer ses dettes de jeu. Il joua aussi ce qu'elle avait apporté de Lisbonne et même sa précieuse parure de diamants. Elle comprit qu'il lui fallait se protéger et prit garde à ne plus laisser traîner d'argent. Elle aimait cet homme et estimait avoir besoin de lui, mais elle connaissait l'importance de l'argent. Elle découvrit que, non content de perdre le sien au jeu, Paco réglait aussi les dettes d'une autre femme. Nina décida de sortir de cette situation, avant que Paco ne l'ait ruinée.

Un théâtre rival avait pour vedette une actrice de renommée internationale, engagée pour jouer à Porto, mais qui ne souhaitait pas suivre le spectacle en tournée. Nina, qui l'avait vue, demanda à reprendre le rôle, qui lui plaisait. Cela lui permettrait d'échapper à Paco. Paco la supplia de ne pas le quitter et quand elle refusa menaça de les tuer tous les deux. Nina ne voulut rien entendre. Elle connaissait sa valeur : sans lui, elle ferait mieux son chemin.

III

La voie de la richesse

Porto, la « capitale du Nord » du Portugal, était dirigée par les grands viticulteurs, et en particulier par la famille Domingo dont la fortune était immense. Pour avoir eu des relations avec l'un des fils Domingo, Nina allait avoir maille à partir avec la police.

Lorsque la danseuse arriva dans cette ville, elle était étroitement chaperonnée par le directeur de la compagnie, Florio, et par sa femme, plus pour sauvegarder leurs intérêts financiers que pour veiller sur sa vertu. Sa réputation d'aimer les départs précipités leur était peut-être connue. Dès sa première prestation, Nina obtint un franc succès. Manuelo Domingo, un garçon de vingt-trois ans, riche héritier, était dans la salle. Charmé par la nouvelle étoile, il revint soir après soir admirer ses danses et ses chants. Il l'inonda de fleurs et d'invitations, que Florio refusa, bien décidé à ce que Nina n'échappât pas à son contrôle. Usant alors de l'influence dont jouissaient les siens, Manuelo envoya le chef de la police demander à Florio de lui présenter sa vedette. Florio refusa.

Chaque soir, après le spectacle, Florio et sa femme accompagnaient Nina chez elle, dans une voiture de louage. Un jour, le portier vint avertir Nina dans sa loge que la femme de Florio l'attendait dans la voiture et lui demandait de se presser. Nina trouva curieux que Florio ne se soit pas déplacé, mais elle se hâta de descendre. Elle monta dans la voiture, qui partit sur-le-champ. La personne qui s'y trouvait n'était pas Mme Florio, mais un inconnu. Nina réclama des explications, mais n'en reçut pas. En dépit de sa résistance, elle fut très vite transférée dans une autre voiture, qui roulait à une vitesse plus rapide encore. Effrayée, Nina voulut s'échapper, mais ses cris furent étouffés et c'est en vain qu'elle se débattit. Elle s'évanouit. Quand elle revint à elle, elle se trouvait dans une salle à manger somptueuse, devant un banquet digne d'une reine. L'homme qui l'avait enlevée se présenta ; c'était le chef de la police. Il l'avait transportée, après avoir enfermé Florio dans son bureau. Cinq autres hommes à l'allure distinguée se trouvaient dans la pièce. Dans quel but ?

A cet instant, un beau jeune homme aux cheveux bruns les rejoignit et vint se prosterner à ses pieds. Manuelo Domingo la suppliait de pardonner ce procédé cavalier. Depuis des jours, il cherchait à la voir, mais Florio repoussait toutes ses prières. Allait-elle se montrer indulgente ? La vue de ce beau garçon, qui lui offrait tout ce qu'il possédait, suffit à Nina pour se convaincre que son avenir se trouvait auprès de Manuelo.

Nina, Rosalie et Black, le grand danois, s'installèrent à l'élégant hôtel de France. Tout comme l'avait fait le banquier de Lisbonne, Manuelo prodigua l'argent à sa maîtresse et Nina ne manqua plus de rien. Manuelo fut pour elle une révélation, car il lui apportait à la fois la passion physique et la grande richesse, une combinaison qu'elle allait souvent retrouver plus tard, au cours de sa carrière. Elle venait d'avoir seize ans. Cette fois, elle fut prudente et en une courte période mit de côté l'équivalent de trois cent quarante mille pesetas, qu'elle déposa à la Banque d'Espagne, ainsi qu'un grand nombre de bijoux, offerts par son amant.

Ils passaient leurs journées ensemble : à cinq heures de l'après-midi, Manuelo venait la chercher pour l'emmener en promenade, puis ils se couchaient, avant de passer la soirée au théâtre et au restaurant.

Un après-midi, à cinq heures, pourtant, Nina vit arriver le chef de la police au lieu de son amant. Cette fois, il venait en sa qualité officielle, à la demande du père de Manuelo. Indigné par les extravagances de son fils, ce dernier prétendait que le jeune homme avait dépensé une grande partie de leur fortune pour Nina. La danseuse devait s'engager à ne plus le revoir. Le policier était chargé de lui offrir une somme considérable pour quitter Porto. Manuelo avait déjà été éloigné et ne serait autorisé à revenir qu'après son départ. Nina refusa de partir et exigea de le voir. Le chef de la police lui déclara qu'elle n'avait aucun droit et que, si elle s'entêtait, il la ferait incarcérer.

— Pour quel motif ?

— Montrez-moi donc vos papiers ? demanda-t-il, avec froideur.

— Je n'en ai pas, reconnut-elle, comprenant qu'elle était perdue.

Elle fut conduite à la prison et placée dans une cellule individuelle. Elle trouva le silence insupportable. Sa femme de chambre, Rosalie, vint la voir, mais fut contrainte de demeurer devant la porte. Nina demanda à être placée avec les autres prisonnières, dans la salle commune. Elle le regretta aussitôt. A l'élégance de ses vêtements, ces femmes la prirent pour une prostituée et l'insultèrent. Nina comprit les avantages de la solitude et se fit ramener dans sa cellule. Elle y trouva le comte Tirenzo, un ami âgé de Manuelo, qui était également l'un de ses admirateurs. Au moment où Nina avait été transférée dans la partie commune de la prison, Rosalie s'était rendue chez le comte Tirenzo : la femme de chambre pensait que sa position sociale lui permettrait de tirer Nina d'embarras. Le comte la suivit à la prison et vit l'état auquel la danseuse était réduite. Après avoir promis de faire tout son possible, il repartit et quelques heures plus tard Nina, libérée, retrouvait le comte et ses amis à un grand dîner.

Ainsi s'acheva sa liaison avec Manuelo, qu'elle ne revit jamais. Cette expérience la marqua de manière profonde. Dès lors, si elle tira avantage de l'influence et de la richesse des hommes qu'elle fréquentait, elle les méprisa toujours.

Après sa libération, Nina devint la compagne du vieux comte. Il ne prenait pas la place, dans son cœur, du beau Manuelo, mais elle éprouvait pour lui de la reconnaissance. Il n'était pas riche, mais il avait du charme et de la dignité. Nina le respectait.

Un soir, elle accompagna le comte à l'Opéra, où on donnait *Rigoletto*. Le baryton était un comte italien du nom de Guglielmo. Il plut aussitôt à Nina, qui implora le comte Tirenzo de le lui présenter. Guglielmo avait l'habitude d'être recherché par les femmes, car — et Nina l'ignorait — il se laissait volontiers entretenir. Elle l'invita à souper, ce qu'il accepta avec joie. Bientôt, Nina fut amoureuse de lui. Elle proposa de l'épouser et quand ils furent parvenus à un accord financier favorable au chanteur celui-ci accepta. Ils eurent de brèves fiançailles, suivies d'un fort beau mariage.

Le bonheur de Nina fut de courte durée. Son mari faisait la cour à toutes les femmes et le voir embrasser ses partenaires féminines sur scène provoquait chez elle de terribles accès de jalousie. Ses éclats ne tourmentaient guère l'aimable Guglielmo, qui faisait de son mieux pour apaiser ses craintes, une fois rentré chez eux. S'il aimait bien sa femme, il ne pouvait s'empêcher d'apprécier les autres.

Quand la saison de l'Opéra s'acheva, Guglielmo fut pris du désir de regagner Rome, sa ville natale. Sa carrière s'y poursuivrait peut-être mieux qu'au Portugal, où il n'avait ni parents, ni relations. Comptant sur la naïveté de sa femme, il lui affirma que son père était au plus mal et lui présenta une prétendue lettre de sa mère, lui enjoignant de rentrer. Il devait, dans un premier temps, se rendre à Marseille et y attendre de nouveaux courriers, l'informant de l'évolution de la maladie. Nina n'était pas aussi candide que Guglielmo le supposait. Si elle mettait en doute ses motifs, elle voulait bien lui avancer l'argent du voyage et l'accompagner. Suivis de la fidèle Rosalie et du grand danois Black, ils embarquèrent donc pour Marseille. Nina souffrit du mal de mer et demeura enfermée dans sa cabine.

A Marseille, les deux époux descendirent à l'hôtel de Noailles, mais, comme Guglielmo ne recevait pas de nouvelles, ils décidèrent d'aller passer quelques jours dans une petite pension moins onéreuse. Nina s'y lia avec la propriétaire, Mme Lermina, qui était aussi la maîtresse du rédacteur en chef du journal *Le Bavard.* « C'était une femme charmante, très intelligente, qui donnait des leçons de chant et chantait au Palais de Cristal. Elle devint mon amie et se montra toujours très aimable avec moi », dira-t-elle.

Comme la seconde lettre de sa mère n'arrivait toujours pas, Guglielmo proposa un court séjour à Monte-Carlo. Nina l'ignorait, c'était un joueur invétéré. Il semblait que la danseuse fût attirée de façon irrésistible par les joueurs — Paco, puis Guglielmo — et, si elle n'avait pas encore pris conscience de l'héritage que lui avait légué son père dans ce domaine, en temps venu la passion du jeu la ruinerait.

Guglielmo joua gros et perdit. Il demanda à Nina de régler ses dettes et de le financer pour se refaire. Soir après soir, il retourna aux tables de jeu, perdit ses économies, puis ses bijoux et Nina, qui s'ennuyait d'être laissée seule et s'inquiétait de voir fondre son avoir, décida d'aller juger de la fascination qu'exerçait le casino sur son mari. Elle risqua deux louis sur le rouge et ne s'étonna pas de voir le croupier ramasser son argent avec le râteau, car elle ne s'était pas attendue à gagner. Elle partit donc à la recherche de son mari. Elle fit en vain le tour des salles et vers la fin de la soirée elle se retrouva près de la table où elle avait joué à la roulette.

— Vous maintenez toujours votre argent sur le rouge, mademoiselle ? lui demanda le croupier.

Elle ne comprit pas, car elle entendait mal le français. Une femme assise à la table lui expliqua que le croupier avait commis une erreur au moment où il avait ratissé ses deux louis et qu'elle le lui avait fait remarquer. Comme Nina s'était éloignée, le croupier avait remis son enjeu sur le rouge, qui était sorti vingt-huit fois de suite. En voyant la pile d'argent qui lui revenait, Nina eut du mal à en croire ses yeux. Il était tard et elle n'avait plus la possibilité de tenter à nouveau sa chance ; aussi, remerciant la femme qui l'avait défendue, elle ramassa ses gains et découvrit qu'elle avait gagné plus de cinquante mille francs. Ravie de cette aubaine, elle se rendit à la pension pour l'annoncer à son mari, sans doute rentré avant elle. A son arrivée, un sixième sens l'avertit qu'il se passait quelque chose.

Elle monta sur la pointe des pieds jusqu'à sa chambre et vit l'une des domestiques qui en sortait en se dissimulant. Nina se précipita sur elle et repoussa sans ménagements la pauvre fille, terrifiée, dans la pièce. Sur le lit, Guglielmo, les vêtements en désordre, dépeigné, fumait une cigarette. Le sang de Nina ne fit qu'un tour et elle s'attaqua à la fois à son mari et à la femme de chambre. Elle fit tant de tapage que le directeur vint sur les lieux. On apprit alors que la femme de chambre avait confié à Guglielmo toutes ses économies, soit près de dix mille francs, parce qu'il lui avait assuré connaître un système infaillible pour gagner à la roulette. Elle l'avait cru et bien entendu il avait tout perdu. Quand elle était venue lui réclamer son argent, ce soir-là, il n'avait trouvé d'autre solution, pour l'apaiser, que de la mettre dans son lit.

Quand la malheureuse eut achevé son histoire en sanglotant, Nina décida d'abandonner Guglielmo à son sort et de regagner Marseille, emportant ses gains et ce qu'il lui restait d'économies. Mme Lermina écouta son récit avec compassion. Nina lui confia qu'elle aimerait recommencer à chanter et à danser : « Je lui dis mes espoirs de trouver un engagement ; elle proposa de me donner des leçons de musique et de m'apprendre à chanter en français. Je fus très réconfortée par sa sympathie et m'attachai beaucoup à elle. » Il était heureux pour la jeune femme que Mme Lermina ait parlé l'espagnol. Elles avaient ensemble de longues conversations et Nina évoquait pour elle les divers épisodes d'une vie déjà si mouvementée.

En dehors de Mme Lermina, la danseuse n'avait pour toute compagnie que celle de Rosalie et de Black. Elle entreprit d'explorer la ville de Marseille à pied. Bientôt, la belle Espagnole eut des admirateurs et, quand on découvrit qu'elle vivait chez la maîtresse du rédacteur en chef du *Bavard*, celui-ci fut accablé de questions. Bouquets et invitations commencèrent à pleuvoir, mais Nina ne put les accepter. Elle ne se sentait pas bien : « En dépit de tous ces hommages, les émotions violentes que j'avais connues avaient eu un effet désastreux sur ma santé. » En fait, elle avait la typhoïde. Le médecin conseilla l'hospitalisation, mais Mme Lermina protesta : elle aurait aimé la soigner. Le docteur insista et elle dut s'incliner.

Le comte Savin de Pont-Maxence, qui envoyait souvent des fleurs à Nina, apprit qu'elle était malade et s'en fut aussitôt lui rendre visite à l'hôpital, où il la fit placer dans une chambre particulière, dont il régla les frais. Elle demeura trois mois dans cet hôpital et eut des accès de délire si violents qu'il fallut lui passer la camisole de force. « Ma jeunesse triompha pourtant ; je guéris. »

Durant sa convalescence, le comte lui fit des visites régulières et lui offrit fleurs et chocolats. Le soutien et la gentillesse de ses amis aidèrent Nina à se remettre et elle fut autorisée à quitter l'hôpital. Le jour de sa sortie, elle éprouva une agréable surprise, car, au lieu d'être transportée à la pension, elle fut conduite à un petit appartement meublé que le vieux comte avait loué à son intention. Rosalie, la femme de chambre, dont le comte payait les gages, était chargée de lui faire recouvrer tout à fait la santé. Chaque matin, Rosalie réveillait donc Nina en lui apportant ce qu'elle prétendait être une tasse de lait chaud et en lui disant :

— Buvez d'un trait, ne goûtez pas.

Durant des semaines, Nina lui obéit et but l'épais liquide tiède sans élever d'objections. Rosalie n'ouvrant pas tout de suite les rideaux, elle apprit beaucoup plus tard qu'on lui avait donné du sang et non du lait, pour la remonter.

En reprenant des forces, Nina trouva ennuyeuse la routine dans laquelle elle vivait et souhaita y apporter des diversions. Les leçons de chant avec Mme Lermina, les visites du charmant vieux comte et les parties de cartes avec Rosalie étaient parfaites, mais, lorsqu'elle retrouva son énergie, elle eut envie de relations plus passionnées. Elle les trouva auprès d'un jeune et bel Espagnol du nom d'Auguste Herrero, qui lui fut présenté par une femme vivant dans sa maison. Elle se mit à sortir avec lui, le soir. Ils se rendaient au Cercle des Etrangers, un club proche du théâtre. Nina ne souhaitait pas que la nouvelle de cette liaison vînt aux oreilles de son vieil ami, aussi recommanda-t-elle à sa femme de chambre de dire au comte qu'elle était absente, les après-midi où Auguste était près d'elle. Rosalie estimait pourtant devoir de la reconnaissance à l'homme qui la payait. Un jour où Nina recevait Auguste, le vieux monsieur sonna à la porte. Rosalie lui ouvrit. Plus tard, Nina décrira la scène : « Je ne me fiais plus à elle. Lorsque j'entendis sonner, ce jour-là, j'ouvris un peu la porte de ma chambre, sans faire de bruit... Rosalie dit à voix haute : "Non, monsieur le comte, Madame n'est pas ici, elle est sortie", mais en même temps elle faisait des signes en direction de ma porte pour lui faire comprendre que j'étais là. » Le comte, discret, se retira en disant qu'il reviendrait le soir. Lorsque la porte fut refermée, Nina bondit sur la perfide Rosalie.

— Ah ! je t'y prends ! Tu fais des signes tout en prétendant que je suis sortie...

— Ce n'est pas vrai ! Ce n'est pas vrai ! protesta Rosalie. Je n'ai pas fait de signes.

La colère de Nina eut raison de ses protestations et

Rosalie lui demanda pardon. Le mal était fait, pourtant, et Nina regretta d'avoir blessé le vieux comte. Quand il revint, elle lui dit, non sans finesse :

— J'ai souvent soupçonné Rosalie d'indiquer par gestes à mes visiteurs que j'étais là, lorsque je lui demandais de répondre que j'étais sortie. Je voulais m'en assurer, aussi, cet après-midi, lorsque vous êtes venu, je me suis cachée et je l'ai observée. Vous m'avez permis de la mettre à l'épreuve. Je regrette seulement qu'elle vous ait renvoyé.

Quoi qu'en ait pu penser le gentilhomme, il ne dit rien. A partir de ce jour, néanmoins, il espaça ses visites.

Quand Nina eut terminé ses leçons de chant avec Mme Lermina, la généreuse femme usa de son influence pour lui obtenir un emploi au Palais de Cristal, à Marseille. Nina était folle de joie, car sur la scène elle retrouverait son élément : « Danser, chanter, m'enivrer des applaudissements du public, telle était ma notion du bonheur. J'avais une véritable vocation. Je l'ai vérifié assez longtemps... Je crois sans me vanter, et tous mes directeurs le reconnaîtront, que j'ai été la plus consciencieuse des artistes. » Lisbonne et le directeur de l'Avenida étaient loin.

Nina fut bien accueillie. Soir après soir, un public nombreux venait voir la nouvelle attraction du Palais de Cristal. Elle partageait l'affiche avec une chanteuse du nom de Teresa, dont la réputation était considérable. Nina s'inquiétait à la pensée d'être éclipsée : « Je me souviens de mon étonnement quand je vis cette femme aux traits lourds, aux manières brusques, plébéiennes, et quand je l'entendis chanter d'une voix rauque, dont la plénitude et la chaleur étaient très particulières. L'étonnement fit place à une émotion profonde. Teresa vous étreignait le cœur. Elle électrisait le public. » Nina passait juste avant cette chanteuse. Un jour, cette dernière la complimenta : « Continue comme tu as commencé. Si tu mets autant d'ardeur dans ton travail que tu l'as fait jusqu'à présent, tu remporteras un grand succès. Souviens-toi alors que Teresa te l'avait prédit. »

Nina menait une existence qui la rendait heureuse, trop heureuse peut-être. Elle bénéficiait de la protection du comte, de l'amour d'Auguste, de la faveur du public et, depuis peu, des attentions d'un jeune homme blond, fils d'un riche brasseur de Marseille. Le jeune homme avait une maîtresse, une jolie personne du nom de Félicie. « Félicie ne semblait pas du tout prendre l'infidélité à la légère, remarquera Nina. Elle me regardait avec un air d'hostilité affirmée, bien que son amant ne m'eût jamais fait de déclaration particulière. A l'époque, je ne supportais pas les hommes blonds ! Je n'aimais que le type espagnol, le beau bronze classique, avec des yeux noirs au regard ardent et une souple silhouette de toréador. Félicie n'avait rien à craindre. » Félicie la jalousa, cependant.

Un soir, au Palais de Cristal, l'entrée en scène de Nina fut saluée par des coups de sifflet. Surprise, elle s'arrêta une minute avant de chanter sa première chanson. Comme les sifflets redoublaient, les admirateurs de Nina applaudirent. Le bruit devint si infernal que l'on baissa le rideau. Bouleversée, Nina se précipita dans sa loge où le directeur la rejoignit pour lui manifester sa sympathie :

— Là, là, ma beauté, ne t'en fais pas. Cela n'en vaut pas la peine. *Tiens !* si ces brutes ne te laissent pas chanter, retourne là-bas et montre-leur comment tu danses.

Ainsi encouragée, Nina retourna sur la scène. Elle se

lança dans un fandango spectaculaire, mais les sifflets reprirent de plus belle et noyèrent la musique. Nina parvint à terminer son numéro. Une fois sortie de scène, elle trouva le directeur, inquiet, en compagnie du chef de la claque. Il lui demanda qui les avait payés, lui et son groupe, pour siffler. L'homme refusait de répondre, mais Auguste l'empoigna ; effrayé, il avoua qu'il s'agissait de Félicie.

Le tumulte se poursuivit toute la quinzaine suivante et Nina eut d'autant plus les nerfs tendus que les journaux locaux s'emparèrent de l'affaire. *Le Bavard* prit fait et cause pour elle, mais un autre quotidien la surnomma « Carolina Castanetta ». Un soir, à la fin de la quinzaine, Nina et Auguste se rendirent, après le spectacle, au Cercle des Etrangers. Auguste demanda à un garçon s'il y avait beaucoup de monde, ce soir-là.

— Pas encore, monsieur, lui répondit-il. Mais, euh, Mme Félicie est là.

Nina se précipita au salon, bien que le garçon se fût efforcé de la calmer et qu'Auguste lui eût conseillé de laisser son adversaire tranquille.

Félicie était à une table et attendait l'arrivée de son amant. Nina s'en prit à elle :

— Je vous cherche depuis quinze jours. Pourquoi me faites-vous siffler ?

— Je ne vous admire pas, en tant qu'artiste, répondit Félicie.

Aucun argument n'aurait pu indigner Nina davantage. Quand Félicie comprit dans quel état de rage elle l'avait mise, elle sortit une épingle de son chapeau pour se défendre et se leva. Nina saisit la chaise métallique qu'elle avait occupée et la lui abattit sur le dos. Félicie tomba et Nina lui sauta dessus. Le public s'efforça de les séparer et Auguste parvint à tirer Nina en arrière.

Le lendemain, Félicie portait plainte pour voies de fait. Nina fut convoquée au commissariat.

— Vous savez que vous auriez pu tuer cette femme ?

— Je regrette de ne l'avoir pas fait.

Le commissaire la menaça :

— Je vais vous faire extrader.

— Cela m'est égal, répondit Nina. Je suis déjà exilée.

C'était, bien entendu, inexact, même si elle avait failli être refoulée du Portugal au moment de l'affaire Manuelo.

Nina eut de la chance, le vieux comte usa de son influence. Les paroles du commissaire étaient sans doute plus sévères que ses intentions, car il fut clément.

— Le fait d'avoir été sifflée n'est pas une excuse suffisante pour vous battre, lui dit-il. Vous êtes au service du public. Celui-ci a le droit d'approuver ou de désapprouver votre interprétation.

— Il se peut que je sois au service du public, monsieur, mais je ne suis pas à celui de cette femme. Si mon numéro ne lui plaît pas, elle n'a qu'à quitter le théâtre.

— Elle soutient que vous avez essayé d'éloigner d'elle l'homme qu'elle aime.

— C'est un mensonge. Il n'a jamais tenté de me faire des avances. De toute façon, je n'y aurais pas répondu.

— Vous avez blessé cette femme...

— Je me suis défendue. Si je me suis montrée plus rapide et plus souple qu'elle, tant mieux pour moi. Elle avait enlevé une épingle de son chapeau avec l'intention de s'en servir... si je ne l'avais pas renversée, j'aurais été touchée au visage.

Le commissaire trouva les arguments plausibles. Il lui recommanda de ne pas recommencer et classa l'affaire. Nina, folle de joie, rejoignit Auguste et leurs amis.

Cette aventure eut pour résultat un accroissement de

la popularité de Nina. Partout où elle allait, elle était assiégée par ses admirateurs et beaucoup tentaient d'obtenir ses faveurs. Auguste comprit qu'il ne pourrait plus la monopoliser.

Un soir, alors que l'engagement de Caroline touchait à sa fin, elle remarqua dans la salle un homme qui applaudissait à tout rompre. C'était son mari. Stupéfaite, elle refusa tout d'abord de le recevoir, mais il réussit à parvenir jusqu'à elle.

— Ninette, ma chère Ninette, pardonne-moi, dit-il. Je te le demande à genoux.

En voyant qu'il l'avait émue, il sut qu'il avait gagné. Elle ne voulait pourtant pas se montrer trop indulgente :

— Et mon argent que tu as perdu au jeu ? lui reprocha-t-elle.

— Ah ! pardonne-moi tout simplement. Je me suis montré indigne de toi, mais je te rembourserai, Ninette. Je te promets que je te rembourserai.

Promesses vaines, elle le savait bien.

A cet instant, Auguste pénétra dans la pièce. Nina nous rapporte comment se déroulèrent alors les présentations : « "Mon mari", dis-je. Auguste sortit et je ne le revis plus jamais. Si seulement tous les hommes se comportaient avec cette même discrétion ! »

Réconciliés, les deux époux décidèrent qu'ils iraient à Paris dès que le contrat de Nina prendrait fin. Guglielmo y trouverait un engagement digne de lui. Le nouvel opéra de Paris auditionnait des chanteurs. Si Guglielmo était admis, leur situation s'améliorerait à coup sûr.

Paris avait conservé une place particulière dans le cœur de Nina, depuis la visite faite en compagnie de son père. Elle avait toujours eu envie d'y retourner. Voilà pourquoi, à la fin de la saison, Nina, Guglielmo, Rosalie et Black, le chien, partirent pour Paris. La belle Otero allait y faire fortune.

IV

La Belle Epoque

Les deux dernières décennies du XIXe siècle et la première du XXe siècle se sont accompagnées, en France, d'un épanouissement artistique, qui a valu à cette période le nom de « Belle Epoque ». L'évolution picturale qui s'y est produite, annonçant l'art nouveau et le postimpressionnisme, a été d'une extrême diversité, comme en témoignent les œuvres de Toulouse-Lautrec, de Monet et de Cézanne. La littérature a également reflété cette hétérogénéité, puisque des écrivains comme Proust ou Anatole France ont atteint la célébrité au moment où l'on s'engouait des ouvrages de Willy, le mari de Colette. Mucha, Gallé et Lalique ont illustré de leur talent le domaine des arts décoratifs, cependant qu'au théâtre Lugné-Poe présentait aux Parisiens les graves pièces d'Ibsen et que les opérettes dont Hortense Schneider était la vedette faisaient courir les foules. Paris était le creuset où s'élaborait une culture nouvelle, aux multiples facettes, qui prenait volontiers une forme féminine, car avant toutes choses, la Belle Epoque a été dominée par les belles femmes. On y relève l'influence de personnalités aussi remarquables que celle de la comtesse Greffulhe, qui a encouragé Proust et Maeterlinck, de Winaretta Singer, princesse de Polignac, à qui Stravinski a dédié *Renard,* ou de Misia Sert, qui a su reconnaître le talent de Chanel et qui a été l'amie de Diaghilev. Elle est, d'autre part, restée dans les mémoires pour avoir distingué des danseuses et chanteuses du Moulin-Rouge, immortalisées par Toulouse-Lautrec — Jane Avril, Yvette Guilbert ou La Goulue — et des actrices aux dons exceptionnels comme la tragédienne Sarah Bernhardt. On ne peut parler de la Belle Epoque sans mentionner l'existence des « grandes cocottes », qui ont symbolisé, à leur manière, ce moment de l'histoire et dont les plus connues s'appelaient Liane de Pougy, Emilienne d'Alençon, Cléo de Mérode et la belle Otero.

En France, dans le passé, les favorites des rois, Agnès Sorel, Diane de Poitiers, Gabrielle d'Estrées, la marquise de Montespan, la marquise de Pompadour ou la comtesse du Barry, occupaient une position admise, à la cour, et nombreuses étaient les femmes qui rivalisaient pour devenir la maîtresse en titre. Cette dernière avait sa maison et les enfants qu'elle mettait au monde étaient souvent reconnus par son amant. La courtisane n'acquiert plus de tels droits, mais son existence est plus indépendante, car elle vit aux dépens de nombreux admirateurs, qui se disputent, chèrement, ses faveurs. Au début de la seconde moitié du XIXe siècle, sous Napoléon III, on voit une femme comme Léonide Leblanc devenir la maîtresse du duc d'Aumale, le fils de Louis-Philippe. Parmi les femmes du demi-monde qui se font alors un nom, on se souvient surtout de Marie Duplessis, qui inspira *La dame aux camélias* à Dumas fils, de la Paiva, qui, sortie du ghetto de Moscou, mourra l'une des courtisanes les plus riches de tous les temps, de la Barucci et de la fameuse Cora Pearl, qui lança le maquillage moderne, à Paris. C'est à ces femmes que succèdent les courtisanes de la Belle Epoque.

Liane de Pougy, mariée à seize ans, entame, après l'échec de ce premier mariage, une brillante carrière galante. Devenue veuve, elle épouse en secondes noces le prince roumain Ghika de Moldavie, un neveu de la reine de Grèce, auprès duquel elle mène une existence heureuse durant vingt-sept ans. A la mort du prince, elle devint tertiaire dominicaine en Savoie.

Emilienne d'Alençon débute au Cirque d'Eté, où elle présente un numéro de lapins teints, portant des colliers en rubans. Elle entre ensuite aux Folies-Bergère, où ses talents sont reconnus. Elle devient la maîtresse du jeune duc d'Uzès, mais la famille de ce dernier l'envoie à l'étranger. Il y meurt à l'âge de vingt ans.

Plus tard, Emilienne ajoutera le roi des Belges à la liste de ses conquêtes, mais elle retrouvera la respectabilité en épousant un officier titré et en écrivant un livre de poèmes, intitulé *Le temple de l'amour.* Célèbre aussi pour ses penchants homosexuels, on lui prête une liaison avec Liane de Pougy. Après la Grande Guerre, elle se drogue et finit sa vie de façon misérable.

Cléo de Mérode débute dans le corps de ballet de l'Opéra, où elle est remarquée par Marchand, le directeur des Folies-Bergère. Elle obtient le rôle principal dans un ballet-pantomime intitulé *Lorenza.* Sa liaison avec Léopold II lui vaudra le sobriquet de « Cléopold ».

C'est à cette trépidante vie parisienne que vint se mêler Caroline Otero. On était en 1889 et elle venait d'avoir dix-huit ans, bien qu'elle eût déjà connu plus d'expériences que beaucoup de femmes durant toute une vie. Guglielmo et elle, toujours accompagnés de Rosalie et de Black, descendirent à l'hôtel Richmond, dans la rue du Helder. Guglielmo avait promis de chercher un engagement, mais il montrait peu d'empressement à en trouver un. L'argent baissait, puisque ni l'un ni l'autre n'avait de revenus, et les économies de Nina fondaient. Ils payaient leur pension vingt-cinq francs par jour et Nina n'avait pu obtenir ce tarif qu'en se liant avec le fils du directeur. Guglielmo était pourtant fâché de cet arrangement, car il estimait que la femme d'un comte italien ne devait pas mendier de faveur, que c'était faire insulte à son nom. Bien entendu, ce point de vue comptait peu pour Nina et les deux époux se disputaient avec violence. Plus leurs moyens diminuaient, plus Nina reprochait à Guglielmo de ne pas trouver de travail et plus les disputes s'envenimaient. Se voyant enfin contrainte de renoncer à sa chambre, Nina, furieuse, sortit un jour vers dix heures du soir, en enfermant Guglielmo à clé. Elle déambula dans Paris pour se calmer et demanda même un emploi dans un théâtre, mais en vain. Quand elle revint, Guglielmo avait disparu. Il était sorti par la fenêtre, en emportant tous ses effets. Il ne lui laissait pas d'explication. Elle ne le revit jamais.

Elle n'avait plus un sou mais elle était résolue à trouver quelque chose à manger pour Rosalie et pour elle-même. En dépit de l'heure tardive, une charcuterie restait ouverte dans le quartier. Nina s'y rendit et commanda de quoi subsister deux jours. Mais comment payer ? Elle confia au charcutier qu'elle avait oublié sa bourse à l'hôtel. Elle venait d'arriver et avait découvert que l'on n'y servait plus de repas à une heure aussi tardive. Plutôt que d'envoyer sa femme de chambre, occupée à défaire les valises, elle était venue elle-même. Elle risqua alors :

— Pourriez-vous faire livrer ma commande à la chambre 91, s'il vous plaît ? Je paierai quand on l'apportera.

— Ce ne sera pas nécessaire, madame, répondit le commerçant. Cela ne fait pas une grosse somme. Emportez le paquet, vous reviendrez me payer demain.

Nina le remercia en poussant un soupir de soulagement, car une fois encore la providence lui souriait. Il se passera des jours et même des semaines avant qu'elle ne puisse rembourser cet homme. Elle regagna l'hôtel, où Rosalie et elle se jetèrent sur la nourriture.

Dès le lendemain, Caroline repartit à la recherche de théâtres susceptibles de l'engager. Ne connaissant personne à Paris, elle ne comptait une fois de plus que sur la chance... et, alors qu'elle passait devant le Grand Café, elle aperçut, assis à la terrasse, un petit homme rond, qu'elle reconnut : c'était Pompéi, un représentant en vêtements pour hommes de la maison Charvit, en Espagne, qui avait jadis travaillé avec son père.

— Piccolina ! s'écria-t-il. Comment se fait-il que tu sois à Paris ? Quelle charmante surprise ! Assieds-toi donc.

Ne l'ayant pas vu depuis la mort de son père, elle lui raconta son histoire. Il lui témoigna de la sympathie, l'invita à déjeuner, puis proposa de l'« adopter ». Elle avait besoin d'aide pour vivre dans cette ville et il pouvait lui procurer une assistance financière. De son côté, il deviendrait le protecteur d'une femme d'une remarquable beauté.

Nina se lassa vite et exprima le désir de travailler. Pompéi se rendit compte qu'il ne pourrait la tenir toujours enfermée et eut le bon sens d'accepter de l'aider. Il connaissait une Mme Allemand, au théâtre de l'Eldorado, aussi envoya-t-il Nina passer une audition, munie d'un billet de sa part. Mais cette démarche fut infructueuse. Une occasion plus favorable s'offrit à elle, grâce à une autre recommandation de Pompéi. Ce dernier connaissait un certain Boron, ami intime de Lucie Victor, marquise de Ribeauvillé, une femme qui fréquentait à la fois le monde du théâtre et la bonne société. Comptant sur les relations de ce Boron, Pompéi lui présenta Nina comme une danseuse et une chanteuse accomplie dans le style espagnol. Celui-ci comprit que la beauté brune et les yeux brillants de Nina étaient capables de charmer le public. Elle aimerait peut-être faire ses débuts au cours d'une soirée donnée au Grand Véfour, le lundi suivant ? « Le Tout-Paris sera là, assura-t-il. Si elle a du succès, elle se trouvera lancée. » Nina demanda si elle pourrait obtenir un guitariste accompagnateur, « comme j'en avais un en Espagne », pour une certaine danse. M. Boron lui assura qu'il lui serait donné satisfaction sur ce point.

Le grand jour, le lundi 30 décembre 1889, se leva. Sur le programme, elle était présentée comme « Mlle Otero, Chanteuse Espagnole et de l'Orchestre Espagnol, en costume de Toréador ». Elle eut du succès. Parmi ceux qui la félicitèrent se trouvaient Georges Feydeau, Chauchard, Gaston Calmette et Charles Franconi, le directeur du Cirque d'Eté. Elle fit d'ailleurs à ce dernier une impression si favorable qu'il l'invita à faire partie de son prochain spectacle. Le lendemain, on parla beaucoup de son numéro dans Paris et un critique s'enthousiasma en ces termes : « Tout l'Orient est dans ses mouvements. Dans ses yeux brillent les flammes de la passion, l'ardeur de la vie, toute la coquetterie d'une femme. » Caroline et Franconi discutèrent les bases de son engagement : un contrat de trois mois, débutant au printemps, pour un salaire de trois mille francs par mois. Toujours habile, Nina le persuada de lui avancer un mois de salaire pour l'aider à passer la fin de l'hiver.

Les trois mois qui suivirent furent agréables pour elle.

Le succès remporté au Grand Véfour lui permit de se mêler à la bohème parisienne et elle se trouva très demandée. Son ami Pompéi repartit pour l'Espagne mais Franconi le remplaça auprès d'elle et l'aida à trouver un nouvel appartement. Celui-ci, situé au 13 de la rue Treilhard, avait été occupé par Diane de Chandel, qui allait devenir une courtisane renommée et une rivale de Nina. A cette époque, elle devait être pauvre, car elle laissa à Nina une facture de gaz de quatre-vingt-cinq francs, ce que la danseuse ne lui pardonna jamais. Quelques années plus tard, à Berlin, Diane fera partie d'une entreprise destinée à humilier Nina et mise au point par l'un de ses anciens amants, le baron Ollstreder. Ceci ne fit que renouveler chez la danseuse le désir de se venger. L'occasion s'offrit enfin un jour où Caroline passait des vacances à Monte-Carlo. Elle apprit que Diane de Chandel venait d'arriver dans la principauté et qu'elle y séjournerait quelques jours. Nina avait alors pour femme de chambre une Allemande, Betty, qui tenait un journal où elle consignait les activités et les étapes de la carrière de sa maîtresse. Voici comme elle relate la rivalité qui opposait les deux femmes et la manière dont Nina prit sa revanche :

« Pour rendre justice à Madame, Diane de Chandel était beaucoup plus intéressée qu'elle-même par cette rivalité. Les désirs de Madame ont toujours été satisfaits trop vite pour qu'une rivalité d'intérêts l'oppose à quelqu'un d'autre. De même, toute jalousie aurait dû être hors de question entre deux femmes de types si différents. On aurait pu dire que l'une avait la beauté d'un ange et l'autre, celle du diable.

Ma maîtresse avait appris que Diane de Chandel avait l'intention de faire une apparition sensationnelle, ce soir-là. Il semblait qu'elle ait poussé les choses au point de louer des bijoux, afin de paraître en posséder plus que ma maîtresse.

Madame vit avec beaucoup de justesse l'absurdité de cette lutte. Elle prit soin de s'habiller avec élégance, mais, quand elle entra dans la salle, *elle ne portait pas le moindre bijou.* Sa beauté se trouvait, si possible, rehaussée par cette simplicité de mise. Elle me fit mettre tous ses joyaux et voulut me faire passer pour la belle Otero. Ce qui m'ennuya, c'est que personne ne s'y trompa. La nature ne m'a pas accordé de quoi éblouir, je ne l'ignore point, mais il ne m'était pas très agréable d'entendre des remarques telles que : "C'est ça, la belle Otero ! Voyons, sa bonne est mieux qu'elle !" »

Pour revenir au Paris de 1889 et à l'appartement du 13, rue Treilhard, Nina s'aperçut que ses trois mille francs de salaire permettaient de payer, en principe, sans problèmes un loyer mensuel de cent cinquante francs. Elle fit cependant très vite des dépenses extravagantes, car elle ne résistait pas aux tentations des boutiques parisiennes.

Après sa première représentation, au Cirque d'Eté, au printemps 1890, Paris l'acclama comme une nouvelle étoile du spectacle. Otero fit son entrée drapée dans un somptueux châle espagnol, suivie de musiciens et de danseurs, comme le matador défile en habit de lumière avec son cortège dans l'arène, avant le combat. Quand elle dansa, elle le fit avec tant de flamme que le public se leva pour la saluer d'un tonnerre d'applaudissements, en criant : « Bravo ! Bravissimo ! La Señorita Otero. » Le lendemain, *Le Figaro* publiait un compte rendu enthousiaste : « Grande, brune et serpentine... une peau dorée par le soleil, des yeux qui attisent les passions, une bouche aussi appétissante qu'une grenade, un long cou qui contrebalance ce que le profil a de trop aristocratique, de trop régulier... le cortège fait son entrée, à l'accompagnement des castagnettes. Otero, drapée avec grâce dans un châle de Manille, aux broderies multicolores, s'avance en tête des danseurs. Elle fait le tour de la piste sur un tapis posé en cercle ; elle lance des œillades, des sourires qui enflamment les spectateurs. Souple comme une panthère, la danseuse monte sur une plate-forme, laisse glisser son châle et divine, dans un costume qui laisse libre une jambe délicate, moulée dans un bas de soie noir, elle commence le voluptueux tango. »

Quelques semaines plus tard, un autre journal demandait : « "Avez-vous vu la belle Otero ?" C'est la dixième, sinon la centième fois que l'on me pose la question. Jamais l'imagination d'un poète n'a donné naissance à une Carmencita plus parfaite ! »

Son succès lui valut d'être fêtée dans tout Paris. Au nombre de ses admirateurs se trouvait le duc d'Uzès, qui courtisait aussi la jolie Valentine de Bruges et Emilienne d'Alençon, le vicomte de Chênedollé, qui dilapidera plus tard une fortune pour elle, le prince de Sagan, Caran d'Ache et le duc de Dino. Nina évoquera ainsi cette période de sa vie : « Nous dînions et soupions dans les restaurants les plus chics de Paris, chez Voison, au Café Anglais, chez Paillard, au Café de Paris et dans tous ces endroits nous poursuivions la conversation toute la nuit. »

Chez Maxim's, la belle Otero sautait volontiers sur une table et se cabrait en renversant la tête dans un fandango si sensuel que tous les hommes présents avaient l'impression d'être en train de l'aimer. Alors qu'il l'observait, le caricaturiste Sem remarqua, un soir : «-J'ai l'impression que mes cuisses rougissent. »

Cornuché, alors directeur du restaurant, savait

qu'Otero attirait la clientèle dans son établissement, aussi ne la dissuada-t-il jamais de danser.

Nina, qui n'avait toujours pas vingt ans, devenait l'une des personnalités de la société « lancée » de la Belle Epoque. Peu de temps après, on ne parlerait plus que de ses bijoux, de ses vêtements ou de sa richesse.

Nina était en route vers la célébrité.

V

Le passage à la prospérité

Grâce au succès remporté au Cirque d'Eté, la réputation de Nina se répandit au-delà des frontières et les offres d'engagement affluèrent d'Allemagne, de Russie et des grandes villes européennes. Elle reçut aussi une invitation à se produire dans un théâtre de New York, dépendant de l'Eden Museum ; l'un des directeurs du musée, le comte Kessler, vint la lui présenter, lors de l'un de ses passages à Paris. Nina ne s'en montra pas enthousiaste : elle ne connaissait pas l'anglais, n'avait pas d'amis à New York et se révélait peu désireuse d'échanger ses succès parisiens contre un accueil incertain. Kessler fit preuve d'habileté. Il comprit qu'il fallait lui proposer de l'argent ; il lui fit donc une offre si avantageuse qu'elle ne put refuser.

En septembre 1890, après son passage au Cirque d'Eté, Nina s'embarqua donc pour l'Amérique, à bord du *Bourgogne,* accompagnée de Rosalie, du danseur Evariste, qui lui servait de partenaire, ainsi que d'une troupe de guitaristes et de mandolinistes. Black, le danois, demeurait chez des amis. Nina était inquiète. Elle savait que Lily Langtry, la maîtresse du prince de Galles, s'était produite peu de temps auparavant à New York et qu'elle y avait remporté un vif succès. Elle se demandait si son style, très différent, allait déplaire. Elle était tourmentée aussi à la pensée qu'une grande danseuse traditionnelle espagnole, la Argentina, était alors à l'affiche d'un théâtre rival de Broadway. Elle craignait que son spectacle ne fît l'objet de comparaisons défavorables. Ses amis et ses camarades assuraient pourtant que leurs styles étaient très différents, l'une étant classique et l'autre représentant le music-hall ; il n'y aurait pas de conflit d'intérêts, pas de comparaisons, car elles ne s'adressaient pas au même public. Une fois à New York, ses inquiétudes s'évanouirent devant la réception tumultueuse qui lui fut réservée. Alors que le *Bourgogne* entrait dans le port, un vapeur vint à sa rencontre, portant à son bord une quarantaine d'admirateurs, qui poussaient des vivats et la saluaient. Chacun portait à la boutonnière une rose jaune et un œillet rouge, les couleurs de son pays natal. Le steamer et ses occupants escortèrent le *Bourgogne* jusqu'au quai.

Cet accueil avait été préparé par les administrateurs de l'Eden Museum, qui firent de leur mieux, ainsi que le comte Kessler et le directeur du théâtre, M. Jurgens, pour donner à Nina une impression favorable. Sa suite de l'hôtel Bartholdi était emplie de fleurs et une foule de journalistes l'attendait. Elle fut au comble de la joie et le succès lui parut certain. La presse déborda d'enthousiasme dans les descriptions qu'elle consacra à la danseuse et à son passé. En lisant les journaux, le lendemain, Nina apprit qu'elle avait épousé un général Otero, contre la volonté de ses parents, qu'elle avait chanté dans toutes les villes d'Espagne, qu'elle avait été enlevée par des émissaires du roi Alphonse XIII et conduite à son palais, d'où elle s'était échappée en sautant par une fenêtre. En réalité, le roi avait été l'un de ses admirateurs et l'avait récompensée de lui avoir accordé ses faveurs, prétendit-elle par la suite. Un autre article soutenait qu'elle avait chanté à Rome et qu'un certain marquis d'Otero était tombé amoureux d'elle et l'avait épousée. Elle lui avait donné par la suite une fille. Le marquis était, semblait-il, d'une jalousie féroce ; il avait regretté son mariage avec Nina. Quand elle s'était enfuie avec un Espagnol, il avait demandé le divorce, laissant la garde de leur fille à sa première femme.

Pour Nina, de telles inexactitudes étaient stupéfiantes. Les histoires les plus folles qui couraient sur son compte ne faisaient pourtant qu'ajouter à son attrait et c'est devant une salle comble et surexcitée que se déroula la première de son spectacle.

Les réactions du public, ce soir-là, la déçurent. Lorsque le rideau se leva, la troupe prit place sur la scène en jouant, afin d'annoncer sa propre entrée. Vêtue d'un costume de soie blanche, Nina chanta diverses chansons, qui ne parurent plaire qu'à moitié. Tandis que les guitares et les mandolines continuaient à jouer, la belle Otero se changea en vitesse et réapparut en costume espagnol traditionnel pour interpréter une série de danses spectaculaires, dans un décor de café, comportant des tables et des chaises. Elle acheva son numéro plein de fougue perchée sur une table, dans les rayons d'un projecteur. Au lieu des applaudissements frénétiques qu'elle était habituée à recevoir, en France et en Espagne, elle n'entendit que des sifflets. Elle regarda Evariste avec consternation : que s'était-il passé ? Où s'étaient-ils trompés ? Ils ne comprenaient pas. Pour retrouver la faveur du public ils se lancèrent dans un bis, mais plus ils dansaient avec passion, plus les sifflets redoublaient. Pendant ce temps, les bouquets de fleurs s'abattaient en pluie sur la scène. Ne sachant plus ce qui se passait, Nina sortit de scène en hâte et courut à sa loge, où elle exprima son désarroi. M. Jurgens, le directeur, l'y suivit pour lui apporter ses chaleureuses félicitations. Elle l'interrompit aussitôt pour dire dans quelle fureur le public l'avait mise. L'avait-on incitée à venir en Amérique pour y être humiliée ? Pourquoi Jurgens n'avait-il pas fourni une claque, qui aurait manifesté de l'approbation ?

— Sortir de scène sous les coups de sifflet, c'est insupportable ! conclut-elle.

— Mais ma chère, répondit Jurgens, amusé, en Amérique, les coups de sifflet correspondent aux applaudissements.

— Est-ce possible ?

— Pardonnez-moi, j'aurais dû vous en avertir.

Sur ces entrefaites, le comte Kessler et un groupe de personnalités envahirent la loge pour lui témoigner leur admiration.

— Vous êtes des sauvages de siffler au lieu d'applaudir, les gronda-t-elle. On devrait vous passer des anneaux dans le nez.

Les comptes rendus des journaux lui furent très favorables : « Otero est venue et a conquis » ; « Otero a captivé New York » ; « Otero a dansé jusqu'à la victoire. »

Elle avait signé un contrat de trois mois avec le théâtre de l'Eden Museum, mais son succès fut tel que les représentations durèrent près d'un an. Pendant ce temps, Jurgens devint son amant. Il l'installa dans un somptueux appartement de la 23e Avenue, qu'avait occupé Lily Langtry. Otero y donna de merveilleuses réceptions et, lorsqu'on la vit en compagnie d'un prince de la maison d'Orléans, les rumeurs de ses exploits atteignirent l'Europe. Bien entendu, il fallait payer de telles extravagances ; aussi, pour compléter ses cachets, elle se mit à danser chez les particuliers. Elle était très demandée pour les galas et fit l'ouverture d'une nouvelle salle de bal, au Delmonico. Elle sut se faire admettre par les femmes de New York, car on put lire dans *Truth :* « Elle préfère la société des femmes, sachant bien qu'en se faisant parmi elles des amies elle consolide sa position sur le plan social. Tout comme l'ont déjà fait les hommes, les femmes semblent vouloir rendre à leur tour un culte à sa beauté. Otero est devenue l'une des grandes attractions des salons de New York. »

En dépit des nombreuses obligations que lui imposaient ses relations mondaines, il lui arrivait de passer des soirées tranquilles en compagnie de Jurgens, qu'elle en était venue à beaucoup apprécier. Il était marié, bien entendu, et menait cette liaison avec la plus grande discrétion pour ne pas provoquer de scandale. Le malheur voulut que Nina fût incapable de dominer sa jalousie. Elle avait érigé en règle que ses amants ne devaient pas prêter attention à d'autres femmes, aussi longtemps qu'elle leur accordait ses faveurs ; les expériences vécues auprès de Paco et de Guglielmo l'avaient amenée à se défier des hommes. Quand, dans un bal masqué, elle surprit Jurgens en train de complimenter une beauté de sa connaissance, elle lui fit une scène qui révéla la nature de leurs relations. Le scandale qui suivit mit fin au mariage de son amant et fut en partie responsable de sa ruine. Lorsque Nina eut regagné Paris, en effet, Jurgens fut renvoyé.

Au temps où il dirigeait le théâtre de l'Eden Museum, il avait monté une compagnie pour donner des opérettes, qui n'avait pas eu de succès, et pour la soutenir il avait détourné des fonds. Quand il fut reconnu coupable de malversation, on le pria de quitter le pays et on lui paya un aller simple pour Southampton. A son arrivée en Angleterre, il envoya une dépêche à Nina pour lui demander cinq mille francs ; elle en expédia dix mille et l'invita à venir la rejoindre à Paris. Elle lui loua un appartement, lui remit de quoi assurer ses dépenses courantes et lui procura un emploi, grâce à l'influence d'un de ses admirateurs, mais elle ne fut plus jamais sa maîtresse. Réduit à dépendre de sa générosité, Jurgens se suicida.

Tout cela se déroula plus tard. En dépit du scandale, Caroline Otero remportait pour le moment un énorme succès à New York ; quand elle regagna Paris, elle avait amassé sept cent mille francs, qu'elle déposa aussitôt à la banque Hoffman. Lorsque le directeur lui offrit un chéquier, n'en ayant pas compris l'usage, elle lui répondit :

— Chaque fois que j'aurai besoin d'argent, je viendrai vous en demander.

Le directeur lui ayant vanté l'intérêt d'un carnet de chèques, elle adopta ce mode de paiement, tout en se complimentant à la pensée que « la petite sauvage devenait très civilisée ».

Ayant assuré sa sécurité financière, elle se montra généreuse. Le premier chèque qu'elle signa, d'un montant respectable, était destiné à sa mère. En le lui adressant, elle précisa qu'elle pourrait lui demander tout ce dont elle aurait besoin. Elle avait pardonné le passé. Renée de Ronsay, une femme qui vivait dans le même hôtel que Caroline, avait jadis connu la fortune et le succès ; elle était à présent seule et malade. Nina se prit de sympathie pour elle, lui apporta un soutien moral et lui rendit la vie plus confortable. Un jour où la danseuse était chez Mme de Ronsay, les huissiers se présentèrent pour opérer une saisie. Il leur était impossible d'enlever ce que portait la personne chez qui avait lieu la saisie. Caroline, connaissant bien la procédure, se saisit du sac de Renée, où se trouvaient les derniers bijoux de son amie. Comme elle s'en était parée, les hommes se retirèrent avec quelques vêtements usagés. Après avoir sauvé les bijoux de Mme de Ronsay, la danseuse paya ses dettes. Plus tard, elle lui offrit même une petite villa dans le Midi où Renée de Ronsay finit ses jours.

Une fois installée dans la capitale française, Caroline décida d'aller passer quelque temps à Monte-Carlo. Elle y descendit à l'hôtel de Paris. Depuis le soir où elle avait gagné cinquante mille francs, alors qu'elle était à la recherche de Guglielmo, Nina s'était prise de passion pour le jeu. Ces gains rapides lui inspireront le désir irrésistible du jeu.

On demandait, un jour, à un joueur :

— Quel est votre plus grand plaisir, sur la terre ?

— Gagner au jeu, répondit-il.

— Et le second ?

— Perdre.

Caroline préféra sans doute le second au premier, car elle perdit d'immenses fortunes. Au cours de ce voyage, elle vit très vite s'évanouir tout ce qu'elle avait économisé sur les sept cent mille francs rapportés d'Amérique, mais après avoir jeté un coup d'œil froid à la petite pension où elle avait vécu avec Guglielmo elle regagna Paris et loua un petit studio, dans la rue de Castellane.

L'absence d'argent ne déprima pas Caroline très longtemps. Elle cultivait l'intérêt d'un groupe d'admirateurs fort riches et peu de temps après son retour ils pourvoyaient à ses besoins. Elle considérait l'un d'eux, le vicomte de Chênedollé, comme un *grand seigneur ;* quand il eut dilapidé toute sa fortune pour elle et qu'il ne fut plus en mesure d'acheter ses faveurs, il se tua. Nina aimait voir le vicomte l'escorter et la conseiller sur sa carrière. Elle souhaitait recommencer à travailler et voulait demander à une amie de la présenter à M. Marchand, le directeur des Folies-Bergère. Selon le vicomte, il était préférable d'attendre que les offres vinssent de M. Marchand. La danseuse conserverait sa dignité et serait en mesure de discuter les termes d'un contrat. Il ne fallait pas qu'elle se montrât impatiente. Le vicomte de Chênedollé exprimait son avis sur ce point un soir où ils dînaient ensemble au restaurant. Un serveur apporta alors une carte à Caroline. Le vicomte voulut l'intercepter, mais Caroline s'en empara avant lui. La carte portait les noms de deux hommes dont elle n'avait jamais entendu parler : Baron et Dorn. Qui étaient ces messieurs ? demanda-t-elle au garçon. Il lui indiqua deux hommes assis à une table d'angle : l'un était grand et fort, l'autre petit et maigre. Elle leur sourit, tandis qu'ils la saluaient et appelaient le maître d'hôtel. Par l'intermédiaire de ce dernier, ils se présentèrent comme étant les directeurs du Wintergarten, à Berlin. Ils souhaitaient lui proposer un engagement. Nina leur fixa rendez-vous chez elle, à trois heures, le lendemain.

Au cours de l'entretien, ils lui révélèrent qu'ils s'étaient efforcés de la rencontrer depuis des mois. Après le succès qu'elle avait remporté au Cirque d'Eté, ils étaient venus à Paris lui demander de se produire au Wintergarten, mais elle était déjà partie pour New York. Ils étaient heureux d'avoir pu enfin la voir et lui offraient un contrat. Par malchance, leur obséquiosité parut désagréable à Caroline et l'irritation de la danseuse fut exacerbée parce que les deux hommes étaient obligés de recourir aux services d'un interprète. Elle leur répondit de manière brève et sèche. Quand ils sentirent son hostilité, l'enthousiasme des Prussiens se refroidit. Tous trois se séparèrent sans résultat. Nina était consciente d'être responsable de la troupe qui la soutenait et se rendait compte qu'il aurait été préférable pour elle d'accepter cette proposition. Il était pourtant dit qu'elle se rendrait en Allemagne, car le lendemain matin, Evariste, son partenaire, vint chez elle, tout joyeux : on leur offrait de participer au spectacle d'un cirque de Hambourg. Elle toucherait cinq mille francs par mois et l'impresario acceptait en outre de payer la troupe.

— Un cirque ! répéta Nina, l'air dédaigneux.

— Eh bien, le Cirque d'Eté en était un, remarqua Evariste.

« C'est vrai, se dit Nina, mais à présent je suis assez connue pour pouvoir me montrer plus difficile. » Elle accepta, pourtant, sous condition que l'imprésario payât d'avance les billets de chemin de fer pour sa troupe et pour elle.

L'imprésario ne consentit qu'au remboursement du prix du voyage une fois qu'ils seraient à destination. Nina céda, mais elle allait le regretter, puisque une fois arrivée à Hambourg, elle apprit que le précédent directeur du cirque avait été saisi et que personne ne les attendait. Qu'allait-elle devenir ? Ni ses accompagnateurs, ni elle n'avaient d'argent et le cirque n'entendait pas honorer un engagement dont il ignorait tout. Evariste s'excusa de les avoir entraînés dans cette aventure, mais cela n'enleva rien à la précarité de la situation.

A Paris, Rosalie, la femme de chambre qui avait servi Nina durant la majeure partie de sa carrière, l'avait quittée. La danseuse avait engagé à sa place une fille du nom de Betty, qui avait un grand sens pratique. Quand cette Betty vit Nina et ses musiciens livrés à eux-mêmes, elle leur donna des conseils, tout en protégeant ses intérêts. Comme elle était d'origine allemande, elle put leur affirmer qu'ils perdaient leur temps à Hambourg, qu'ils feraient mieux de partir pour Berlin, où Nina trouverait sans doute de nombreuses offres de travail. Après tout, le Wintergarten n'avait-il pas souhaité la mettre à son affiche ? Betty leur faciliterait les choses en leur servant d'interprète et en les guidant, car elle était née dans cette ville. Quand ils eurent consenti à tenter l'expérience, la femme de chambre se révéla avoir de l'autorité et un esprit positif, qualités dont la petite troupe avait grand besoin.

Une fois dans la capitale de l'Empire allemand, Nina et Betty s'en furent flâner le long de la Friedrichstrasse et, là, elles tombèrent par hasard sur Baron et Dorn, les deux directeurs obséquieux.

— Fräulein Otero ! Que faites-vous à Berlin ? s'exclamèrent-ils.

— Nous sommes venus visiter la ville. Nous venons de finir un bel engagement et j'ai voulu offrir un petit voyage d'agrément à ma troupe, mentit-elle.

— S'il vous plaît, accompagnez-nous au théâtre du Wintergarten. Nous aimerions tant vous le montrer.

Nina les y suivit et, quand ils lui eurent fait les honneurs des lieux, ils la pressèrent d'accepter un engagement chez eux. Nina hésita, car elle ne souhaitait pas paraître trop impatiente, de crainte qu'ils ne devinent dans quelle situation elle se trouvait. Elle les laissa renouveler leur offre, puis donna son accord. Ils établirent sur-le-champ un contrat, qu'elle signa.

Trois jours après, Nina dansait au Wintergarten devant sept mille personnes, qui l'acclamaient et jetaient des centaines de bouquets sur la scène. On était en 1892 et Nina n'avait pas encore vingt-deux ans.

Son succès lui valut de nouvelles offres, dont une de M. Marchand des Folies-Bergère, qu'elle espérait recevoir depuis longtemps. Le vicomte avait eu raison en lui recommandant d'attendre qu'il fasse les premiers pas. M. Marchand lui offrait un engagement pour dix saisons consécutives. Nina en fut abasourdie. Elle entendait bien accepter, mais il lui fallait tout d'abord honorer le contrat qui la liait au Wintergarten.

Plus tard, Nina commentera ainsi, pour son journal intime, la visite de Marchand à Berlin : « On a raison de dire que nul n'est prophète en son pays. Quand j'étais à Paris, j'avais supplié Chênedollé de me présenter à Marchand. Je suis à Berlin, j'y obtiens du succès et c'est Marchand qui est venu ici pour me voir et m'engager. Il m'a fait signer un contrat pour dix saisons consécutives aux Folies-Bergère. Je commencerai par toucher cinq mille francs par mois pour arriver à trente-cinq mille francs, les dernières années. J'ai bien fait d'écouter Baron et Dorn, mais en vérité je ne croyais pas que le plus court chemin pour aller de la rue de Castellane aux Folies-Bergère passait par Berlin. »

Alors qu'elle était dans cette ville, elle compta parmi ses admirateurs un millionnaire juif, un banquier au physique très ingrat, le baron Ollstreder. Il lui loua un hôtel avec domestiques, voitures, chevaux et tout le luxe imaginable. Il la couvrit d'or et de bijoux, au point que Nina fit l'envie des femmes qu'elle croisait dans les restaurants et les clubs à la mode. C'est vers cette époque que Betty, la femme de chambre, commença de tenir un journal intime, notant toutes les activités de Nina. Quand la danseuse le trouva plus tard, après le renvoi de Betty, elle eut l'impression qu'il avait été rédigé dans le but de la faire chanter. Il nous éclaire bien sur cette période :

« J'ai commencé par redouter d'avoir commis une erreur en entrant au service de cette petite danseuse espagnole. Quand je l'ai vu perdue, à Hambourg, avec sa troupe de toréadors misérables, j'ai bien failli la quitter. Je ne vais tout de même pas m'amuser à servir de femme de chambre à des actrices sans engagement. Je comprends mon rôle de façon bien particulière et d'austères moralistes y trouveraient peut-être à redire : je veux bien être dévouée à ma maîtresse, l'entourer de prévenances et des soins qu'elle désire, mais... il faut que je connaisse ses raisons.

J'ai beaucoup d'ambition et comme j'ai reçu une bonne éducation, je ne veux pas devenir la servante de n'importe quelle petite bourgeoise. Mon regret sera toujours de n'avoir pu moi-même jouer les premiers rôles... mais comment cela aurait-il pu m'arriver ?

Je n'en ai pas le physique, même si j'en ai l'intelligence. Je ne peux que m'attacher à la fortune des femmes qui ont été créées et mises au monde pour enchanter ou tourmenter les hommes...

J'estime que les domestiques ont le droit de compléter des gages insuffisants en prenant en cachette une partie de ce qui appartient à leurs maîtres et qu'ils sont dispensés de toute restitution.

Pour cela, il faut faire preuve d'habileté et ne pas se laisser surprendre. Il faut aussi savoir choisir ses employeurs. Pour ma part, j'ai de l'instinct : je ne me trompe guère. Quand j'entre au service d'une femme, tous ceux qui me connaissent savent que celle-ci est en passe de devenir l'une des reines de Paris. J'avoue que j'ai beaucoup hésité à m'attacher à cette danseuse andalouse et que c'est un peu contre mon gré que je suis allée me présenter à elle. Dès que je l'ai vue, pourtant, j'ai changé d'avis. La beauté de cette créature est éblouissante. J'ai accepté aussitôt ses conditions, car je crois bien qu'elle sera une étoile de première grandeur.

Elle a vraiment l'étoffe qui convient pour cela. Je lui donnerai de bons conseils et ce sera bien le diable si à nous deux nous ne faisons pas fortune. Pour commencer, voilà qu'elle a un engagement au Wintergarten, où elle obtient un gros succès. On voit défiler dans sa loge toutes les personnalités chics de la ville. On lui apporte des fleurs, des fleurs et encore des fleurs... Quand je vois tout cet argent gaspillé, cela me met en colère. Il faut que j'aie un entretien avec la fleuriste du théâtre. Il ne devrait pas être difficile de nous mettre d'accord.

Parmi la foule d'admirateurs de Caroline, je crois déjà pouvoir désigner celui qui va l'emporter. Il n'est pas beau, certes, et j'admets qu'il faut un certain courage pour l'accepter. On dit que les femmes n'ont ni goût, ni dégoût... dans certains cas, c'est heureux pour elles. Avec ses grosses lèvres, ses dents en avant et son grand nez, plus sémite que nature... il n'est vraiment pas séduisant. Il a de beaux yeux, mais pour le reste, seul l'argent peut compenser une allure pareille.

Sur ce point, la petite Espagnole saura le faire payer, j'en jurerais. J'ai l'impression que si un homme de cette sorte lui tombe entre les mains, elle ne lui laissera pas grand-chose. Mon vieux baron, tu vas voir valser tes pièces. Tu t'apercevras qu'elles ont des ailes !

Le baron Ollstreder est aux anges. Il fallait voir son air quand Caroline lui a permis de la reconduire. Il se rengorgeait comme un dindon... C'est notre revanche, à nous qui sommes négligées par les hommes, que d'observer la tête ridicule de ceux qui sont en état de... dirons-nous de "grâce" ?

Pour célébrer le premier jour de leur intimité, le baron a apporté à Caroline des boucles d'oreilles en brillants, des solitaires magnifiques. Il s'est produit un petit incident à leur sujet. L'autre soir, le baron a emmené ma maîtresse entendre *Paillasse*. Pendant l'entracte, sans songer à mal, il est allé présenter ses hommages à une femme du monde qui se trouvait au foyer.

La belle Caroline n'a pas admis d'être ainsi abandonnée. Telle une déesse outragée, elle a quitté l'Opéra et s'est rendue chez Hiller, le restaurant où elle soupe tous les soirs. Avant d'arriver, la maligne a eu grand soin d'enlever une de ses boucles d'oreilles et de la glisser dans son corsage.

Quelques instants plus tard, le baron, angoissé, est venu la retrouver au restaurant. Elle y était, en effet, mais telle une furie, et l'accablait d'injures ! Il présenta mille fois ses excuses, qu'elle accepta enfin. Et soudain, voici qu'elle s'écria : "Ma boucle d'oreille ! Ma ravissante boucle d'oreille ! Avec toutes ces histoires, je l'ai perdue !"

On la chercha partout, dans la loge de l'Opéra, dans tous les coins du restaurant... Bien entendu, le baron a promis de la remplacer. C'était bien le moins.

Il se montre plein d'égards et de gentillesse pour Caroline. Elle se plaint, pour sa part, qu'il soit peu fait pour séduire les femmes. Plus il lui témoigne d'affection, moins il lui plaît. Quel dommage qu'avec tant de richesses et de générosité il ne soit pas plus sympathique !

Elle déjeune et dîne avec lui tous les jours. Le plus souvent, il invite aussi des amis qu'il traite de manière princière. Il existe un petit meuble, dans son bureau, qui abrite plus de cinq cents boîtes de cigares : cela fait le bonheur de ces messieurs. C'est une merveille que ce meuble, avec ses cigares bien rangés, bien alignés et ses éponges mouillées pour maintenir l'atmosphère nécessaire à l'excellence du tabac. En voyant ce raffinement, je ne regrettais qu'une chose, c'est de ne pas connaître quelqu'un qui puisse apprécier le contenu de cette "cave" parfumée. En tout cas, ses amis y puisent sans discrétion. Cela ne les empêche pas de rire de bon cœur des travers de leur hôte.

Le pauvre baron a la manie de chanter. Il se croit une admirable voix de ténor. Son plus grand plaisir est de chanter le duo de *Roméo et Juliette* avec Caroline. Bien qu'elle connaisse la plupart des chants populaires d'Espagne, les vibrantes et expressives "malagueñas", elle est incapable de chanter l'opéra. Le baron lui fait donner des leçons de chant, afin qu'elle puisse tenir le rôle de Juliette, lorsqu'il interprète celui de Roméo. L'adolescent de Vérone sous les traits du baron est un spectacle qui mérite d'être vu. L'ouïe est moins enchantée, par contre. Ses amis rient et se bouchent les oreilles. A chacun son métier, mon cher baron ! Le vôtre est de gagner de l'argent et de le distribuer. Faites-le donc danser, mais laissez de côté ce violon d'Ingres, cela sera préférable.

Aujourd'hui, nous avons beaucoup à faire : nous déménageons. Nous quittons l'hôtel pour aller occuper la maison que le baron a louée pour nous. C'est une belle demeure, non loin de son hôtel particulier, afin que cela soit plus commode pour Madame... Moi qui avais pris l'habitude de l'appeler Caroline, quand je parlais d'elle, c'est le mot de "Madame" qui me vient à présent de façon spontanée à la bouche. Elle m'en impose. Elle a une allure extraordinaire. On jurerait qu'elle a toujours eu cent mille francs de rente. Elle a de la désinvolture, de l'élégance, une grande confiance en elle-même, voire de l'assurance. Ma foi, on va la trouver bien transformée quand elle retournera dans son petit appartement de la rue de Castellane. Elle n'y restera pas, d'ailleurs. C'est un hôtel des Champs-Elysées qu'il lui faudra.

Vraiment, le baron est au-delà de tout ce que l'on

peut imaginer... Moi qui au début le trouvais affreux, je finis par lui découvrir un je-ne-sais-quoi de presque... brillant. Il ne se passe pas de jour qu'il arrive avec un nouveau bijou : broches, bagues, bracelets, colliers... Quand Madame dépose le soir ses joyaux sur sa coiffeuse, on dirait une devanture de bijoutier. D'un homme qui fait les choses sur ce pied-là, on ne peut même plus dire qu'il est laid. »

Nina partageait d'ailleurs ce sentiment, car elle écrivait, de son côté : « Aucun homme qui possède un compte chez Cartier ne peut être considéré comme laid. » Elle disait aussi volontiers : « La fortune vient en dormant... mais pas quand on dort seule. »

Betty achevait :

« Le baron s'est montré d'une rare générosité envers Madame, l'autre jour. Etait-ce vraiment de son plein gré ? Je me le demande. Madame a trouvé trente-six perles, chez lui, dans un petit coffret. Elle s'est amusée à les enfiler, puis a montré au baron que ce collier lui allait à merveille. Il s'est dit de son avis sur ce point, mais lui a précisé que ces perles provenaient du collier de sa mère, qui a été partagé entre son frère, sa sœur et lui, et qu'il y tenait beaucoup. Quand il a vu que Madame ne mettait pas le moindre empressement à enlever cette parure, il lui a dit qu'il les lui prêtait, mais qu'elle devait les lui rendre.

N'y comptez pas trop, mon cher baron ! Les perles de la mère ne réintégreront jamais le coffret du fils. Elles finiront Dieu sait où... »

Les trente-six perles connurent en effet un sort identique à celui de tant d'autres inestimables bijoux. Des années après, ayant beaucoup perdu à Monte-Carlo,

Nina les vendit à un bijoutier de Nice, qui lui en donna cent mille francs. L'argent prit aussitôt le même chemin que le reste de sa fortune, celui des salles de jeu. Avant d'être monnayées, pourtant, ces perles eurent une autre mésaventure, peu de temps après que Caroline se les fut appropriées. L'incident illustre aussi la rivalité incessante qui opposait les célèbres courtisanes de l'époque.

Un soir, alors qu'elle dansait sur la scène du Wintergarten, un mouvement brusque rompit le fil du collier et les perles roulèrent à terre. Leur valeur était telle que Caroline interrompit aussitôt sa danse. Les habilleuses, les danseurs, les machinistes vinrent se mettre à genoux pour les chercher. La danseuse Valentine Grandais, l'une des grandes rivales d'Otero, se trouvait encore dans les coulisses, car elle venait d'achever son numéro. Elle s'avança sur la scène pour contribuer aux recherches et trouva trois perles de la broderie du costume d'Otero, qui étaient tombées aussi. Elle en ramassa une, comprit de quoi il s'agissait, s'avança sur le devant de la scène et la tendit vers le public, avant de la casser entre ses dents pour bien souligner qu'elle était sans valeur.

— Chers spectateurs, dit-elle, ne vous y laissez pas prendre. Voilà tout le spectacle arrêté pour chercher quoi ? Des perles fausses.

Ayant lancé cette flèche, elle regagna les coulisses. Il fut heureux pour Valentine Grandais que Nina ait été trop préoccupée pour prêter attention à ce qui se disait autour d'elle, mais le baron, qui était dans la salle, n'en perdit rien. Les perles, à l'exception de trois, ayant été retrouvées, Nina enchaîna avec la suite de son numéro.

Plus tard, alors qu'elle soupait en compagnie du baron dans le restaurant dont ils étaient les habitués, le maître d'hôtel vint leur dire que le chef d'orchestre du

Wintergarten demandait à leur parler. Invité à leur table, cet homme parut un peu embarrassé, puis il leur présenta les trois dernières perles dans la paume de sa main.

— Sont-elles véritables ? demanda-t-il au baron.

— Je pense bien, répondit ce dernier. Ce sont les trois perles qui n'avaient pas été retrouvées. Où étaient-elles ?

— Elles étaient tombées dans la fosse et c'est le contrebassiste qui les a découvertes. Mais comme madame, ajouta-t-il en désignant Valentine Grandais, assise non loin d'eux, nous avait annoncé qu'elles étaient fausses, nous avions cru qu'elles n'avaient de valeur pour personne. J'ai tout de même tenu à vous demander votre opinion.

Nina, très reconnaissante, offrit une belle récompense à ce chef d'orchestre. Quand il se fut retiré, elle se leva et traversa la salle pour se diriger vers la table de Valentine. Elle saisit sa rivale par les cheveux et la gifla deux fois. Valentine se mit debout pour se défendre, mais avant que la scène n'ait pu dégénérer en combat le maître d'hôtel était intervenu et les avait séparées.

Dans son journal, Betty rapporte, sur un ton plus léger, comment, en une autre occasion, au moins, Nina donna libre cours à sa colère : « Il vient de se passer un incident assez comique, où les directeurs du Wintergarten n'ont pas eu le beau rôle.

Le baron est grand amateur de publicité. Il aimerait que l'univers entier sache qu'il a pour maîtresse la femme la plus belle, la plus adorée, la plus courtisée, la plus couverte de bijoux... Il flatte donc toujours les journalistes pour les services qu'ils peuvent lui rendre dans ce domaine. L'autre jour, il a confié à Madame :

— Ecoute, j'ai pensé à une chose. Je crois que je

devrais donner un grand dîner en l'honneur de la presse. Tu inviteras tous les grands journalistes.

— J'aimerais beaucoup cela, lui a répondu Madame, mais, si je me lance dans cette affaire, il faudra que ce soit comme le banquet que j'avais donné à New York et dont tout le monde avait parlé. Cela coûtera fort cher.

— Ne t'inquiète pas de cette question ! Invite qui tu voudras. Je paierai.

Madame commande donc un dîner dans l'un des restaurants les plus élégants de Berlin. Il ne lui vient pas un instant à l'idée de commander à l'hôtel Central, qui fait partie du théâtre du Wintergarten, tout comme à Paris, le restaurant des Ambassadeurs fait partie du café-concert des Ambassadeurs. Elle prie les journalistes les plus lus de la ville d'y assister et, par une délicate attention, elle ajoute à sa liste le nom de ses directeurs, Baron et Dorn. Tous deux acceptent, mais le soir du dîner seul le grand Dorn se présente.

— Et Baron ? s'étonne Madame.

Dorn bafouille des excuses et prétend que Baron n'a pu se libérer... Le dîner a lieu, le menu est merveilleux, les plats succulents, la conversation très gaie. Tout se déroule au mieux. A dix heures, Madame prend congé pour se rendre au Wintergarten, où elle se produit à onze heures.

Je l'attends dans la voiture, devant le restaurant, et l'accompagne, ainsi que je le fais toujours, au théâtre. Dès l'instant où Madame entre dans sa loge, elle s'écrie :

— Au nom du ciel, qu'est-ce que c'est que cette odeur ? C'est épouvantable ! De l'ail, des oignons !

Dans la loge de la "Rose de Séville", on a en effet déposé un énorme panier de carottes, de navets, d'oignons et d'aulx, au lieu des bouquets de lilas, d'œillets ou de roses auxquels elle est habituée. Les légumes sont bien arrangés, présentés avec des rubans et sur la corbeille on trouve épinglée la carte de Baron.

Quand Madame comprend l'affront, elle sort de sa loge en courant, se met à la recherche de Baron et le trouve au bar du théâtre. Elle l'attaque du bec et des ongles et lui administre une fameuse correction.

Elle apprend ainsi que l'homme s'est irrité d'apprendre que le dîner n'aurait pas lieu à l'hôtel Central. Telle a donc été son idée d'une spirituelle revanche. Cela lui coûtera très cher, beaucoup plus que ce que le dîner lui aurait rapporté, car la "Rose de Séville" va faire semblant d'être malade et interrompra durant trois semaines ses représentations, privant ainsi le théâtre du Wintergarten de son plus grand attrait.

[*Plus tard*] J'apprécie beaucoup les changements. Je m'ennuie donc un peu, ici, à présent. L'existence devient trop monotone. Nous qui sommes des femmes de chambre privilégiées, nous préférons voir vivre sous nos yeux non pas une, mais plusieurs intrigues à la fois. Je comprends très bien le point de vue de Madame. Avec un financier de l'importance du baron, mieux vaut ne pas plaisanter... il n'est certainement pas facile d'en trouver un comme lui tous les jours. Tout de même, une aussi jolie créature ne peut se réserver en exclusivité pour un homme de la sorte. Il faudra que je lui fasse comprendre qu'elle peut se fier en tout à moi...

[*Plus tard*] Il ne m'a pas fallu longtemps pour convaincre Madame de ma loyauté. La pauvre enfant ! Il faut croire qu'elle en avait gros sur le cœur depuis longtemps, car elle était bien soulagée de trouver en moi une confidente. L'homme dont elle s'est éprise est un fort beau garçon, très intéressant, qui n'est venu chez elle que deux ou trois fois. Ils ont été bien prudents, ces deux amants. Depuis notre conversation, ce jeune homme vient tous les jours. L'affection de ce capitaine Delval va mieux permettre à ma maîtresse de supporter les attentions du baron.

Ce jeune capitaine est vraiment très beau. On voit qu'il remporte beaucoup de succès auprès des femmes. Il n'est pas habitué à se montrer généreux envers elles. Tout de même, il ne faudra pas le laisser s'en tirer aussi aisément. Il est fortuné. Il doit comprendre que les petits cadeaux entretiennent l'amitié. Je sens bien que Madame n'est pas aveuglée par l'amour au point de ne pas être de mon avis. Pour elle, le capitaine n'est qu'un agréable passe-temps. Je vais m'arranger pour faire comprendre à cet homme-là que, s'il ne se montre pas plus... accommodant avec la femme de chambre qu'avec la maîtresse, son idylle pourrait être de plus courte durée qu'il ne le souhaiterait. »

C'était là le premier projet de l'avare Betty pour s'enrichir. Elle poursuit ainsi son récit :

« Les représentations du Wintergarten sont enfin terminées et Madame a signé un engagement à Vienne, pour le mois prochain. En attendant, il semble bien que nous allons partir pour Monte-Carlo, en compagnie du baron. Il était temps que l'on bouge un peu. J'aime voir du pays. Je suis née à Berlin, je connais cette ville par cœur...

[*Plus tard*] Nous voici à Monte-Carlo. Madame n'était pas là depuis une demi-heure qu'elle est partie pour le casino. Le baron a fait observer qu'elle n'aurait pas le temps de jouer avant le dîner. Elle a répondu qu'il pouvait à son gré l'attendre à l'hôtel ou aller la chercher là-bas.

Nous avons un appartement somptueux à l'hôtel de

Paris. Je suis très bien installée et seule, le plus souvent, car Madame et le baron ne quittent pour ainsi dire pas les salles de jeu. Qu'est-ce qu'ils doivent gaspiller comme argent ! Il est heureux que je prenne la précaution, chaque matin, quand je dispose leurs vêtements, d'opérer un léger prélèvement sur l'argent qu'ils ont l'intention d'emporter. Ils ne s'en rendent pas compte. C'est toujours cela qu'ils n'auront pas perdu...

[*Plus tard*] Il faut voir les salamalecs avec lesquels on accueille mes patrons, dans cet hôtel. Ce sont des "Monsieur le baron" par-ci, des "Madame la comtesse" par-là, car ils n'ont pas encore très bien compris leurs titres. Madame a horreur de toutes ces politesses. L'autre jour, elle est rentrée de fort mauvaise humeur. Elle avait sans doute beaucoup perdu. Comme les membres du personnel se mettaient à lui donner du "Madame la comtesse" ou du "Madame la baronne", elle s'est soudain retournée vers eux et s'est écriée :

— Pour l'amour de Dieu, laissez-moi donc tranquille avec vos baronnes et vos comtesses. Je ne suis pas comtesse, moi, je ne suis que la cabotine que l'on paie !

Les domestiques se le sont tenus pour dit.

Ses pertes ont dû être très lourdes. C'est la première fois que je vois le baron démonté. Jusqu'à présent, il disait : "Tu as encore perdu, ma pauvre petite ? Combien te faut-il ?" et il lui tendait des liasses de billets qu'elle prenait comme s'ils avaient été des chiffons de papier. Cette fois, outre son argent, le baron a perdu son indifférence. Il m'a paru recroquevillé dans son fauteuil, l'air dépassé par les événements. Il lui a dit :

— Ma chère Nina, je ne peux plus suivre un train pareil. Vous allez me ruiner.

J'étais alors en train de coiffer la belle Caroline. Elle

n'a même pas semblé l'entendre. Au bout de quelques instants, elle lui a demandé, d'un ton négligent :

— Vous rentrez à Berlin ce soir, mon cher ?

Très surpris, le baron a répondu qu'il n'avait pas l'intention de partir.

— Eh bien, si vous venez avec moi au casino, il faudra que vous me financiez. Je n'ai plus d'argent.

Il a accepté l'ultimatum et lui a donné satisfaction.

Aujourd'hui, je peux dire que j'ai rendu un fier service à Madame. S'il m'est arrivé de lui faire de légers emprunts, je viens de les lui rembourser. Nous sommes quittes. C'est grâce à moi qu'elle a déposé de temps à autre de l'argent à la banque. Ceci n'était que peu de chose, pourtant. Voici ce qui s'est passé.

Après le dîner, aujourd'hui, ils sont revenus tous les deux décavés du casino. Comme on est samedi, le baron n'avait plus la possibilité de se faire envoyer de l'argent de Berlin. Il lui faudrait donc attendre mardi avant de retourner dans les salles de jeu. Il a expliqué cela à Madame et lui a demandé si elle ne connaissait pas une personne qui pourrait lui avancer une cinquantaine de milliers de marks pour quelques jours. Madame a offert de les lui prêter elle-même. Le baron s'en est montré ravi.

— Je vous suis très obligé, ma chère Caroline, a-t-il déclaré. Je vous rembourserai mardi et, pour vous exprimer ma reconnaissance, je vous donnerai quatre cent mille marks le jour où j'hériterai de mon père.

Il a pris une feuille de papier et a rédigé sa promesse, en bonne et due forme.

Madame a commis alors une grossière erreur. Elle a voulu se montrer aussi généreuse que lui. Elle a pris le billet qu'il lui tendait et l'a déchiré dans un beau geste :

— Votre parole me suffit, baron.

Le baron l'a regardée avec admiration. Il s'est peut-être bien senti soulagé. A moi qui suis juive comme lui, il a semblé que son œil malin s'éclairait d'une étrange lueur. Il m'a paru qu'il m'appartenait de réparer l'imprudence de Madame. Dès qu'ils ont eu quitté la pièce, j'ai ramassé les morceaux de papier et je les ai recollés avec soin sur une autre feuille. Le lendemain, j'ai remis cette feuille à Madame en la suppliant de la ranger avec le plus grand soin.

Elle y a prêté à peine attention. Comme elle est jeune !

— Gardez-le, gardez-le bien, Madame, ai-je insisté. Vous m'en remercierez un jour.

Elle a alors rangé d'une main distraite ce papier dans un buvard. »

Le conseil de Betty allait en effet se révéler précieux, un peu plus tard. Pour l'heure, ils eurent à peine regagné Berlin qu'il fallut faire des préparatifs pour se rendre à Vienne.

« Le cher baron ne veut pas entendre parler de l'engagement à Vienne. Il l'implore de mener près de lui une vie calme et tranquille, mais elle est lasse du Wintergarten et plus lasse encore du pauvre baron. Elle a besoin de changer d'air, de ville, de théâtre, d'hommes. Quand il a vu qu'elle y était tout à fait résolue, le baron ne s'est plus opposé à son départ. Il y a mis une condition : il ira passer les fins de semaine à Vienne. Quel soulagement pour nous deux !

Nous sommes descendues à l'hôtel Impérial. Le soir de notre arrivée, nous avons dîné ensemble au restaurant de l'hôtel. La salle à manger était bien décorée, pleine de fleurs, mais il y faisait un froid ! Oh, comme Madame frissonnait ! Etant donné qu'elle vient du Sud de l'Espagne, elle est toujours restée frileuse. Elle n'a pu s'empêcher de se plaindre devant le maître d'hôtel. Alors qu'elle achevait de dîner en tremblant, elle s'est promis d'acheter un gros manteau de fourrure, le lendemain, puis elle a demandé que l'on aille lui chercher une voiture bien fermée pour se rendre au théâtre.

Madame a alors fait chercher son manteau et le maître d'hôtel est venu l'aider à l'enfiler. Elle a été stupéfaite de voir qu'il lui posait sur les épaules un superbe manteau doublé de fourrure, avec une garniture de renard bleu.

— Ceci n'est pas à moi ! s'est-elle écriée.

— Si, mademoiselle, il est à vous, a répondu le maître d'hôtel, en s'inclinant avec respect et en désignant de façon discrète un monsieur très élégant, qui revenait dans la salle et qui l'avait entendue se plaindre du froid.

Madame a voulu connaître le nom de son bienfaiteur ; on lui a répondu qu'il s'agissait du prince Edouard de Belime. Bien entendu, elle l'a beaucoup vu les jours suivants. »

Le malheur voulut pour Nina que des amis du baron Ollstreder la rencontrent en compagnie du prince ; ils avertirent le baron que sa maîtresse tirait durant la semaine profit de ses absences. Ils ajoutèrent qu'elle sortait aussi avec deux joueurs invétérés, le comte Larchevêque et le comte de Nisberg. Le baron partit aussitôt pour Vienne et une fois encore c'est Betty qui nous rapporte ses réactions :

« Le baron a cru bon de faire une scène de jalousie à Madame. Elle n'était pas d'humeur à l'écouter, car la grossièreté de cet homme la choquait plus que d'habitude.

— Il ne vous sert à rien de me faire de telles scènes ! s'est écriée Madame. Vous ne m'avez jamais aimée.

Vous n'avez jamais tenu qu'à une chose, être vu en compagnie d'une femme élégante.

Il n'était pas prudent de la part de Madame de rompre ainsi avec le baron, mais la patience a ses limites et moi qui ai pourtant l'esprit pratique, je n'ai adressé aucun reproche à Madame pour avoir envoyé promener Ollstreder.

On ne rencontre pas tous les jours, il est vrai, un monsieur qui vous offre le collier de perles de l'impératrice Eugénie et celui de Léonide Leblanc, mais Madame commence à trouver que ces perles lui coûtent trop cher. »

Le fait que Nina possédât le collier de perles ayant appartenu à l'impératrice Eugénie l'avait rendue célèbre et excitait la curiosité. Un après-midi, le directeur de l'hôtel Impérial l'informa qu'une personne de qualité demandait à la voir. Nina ne vit pas, tout d'abord, la raison de l'agitation du directeur, mais quand il précisa qu'il s'agissait de la princesse Pauline de Metternich elle comprit mieux. Le mari de la princesse avait été ambassadeur d'Autriche à Paris, sous le Second Empire, et la princesse avait été l'une des intimes de l'impératrice. C'était elle qui avait encouragé l'épouse de Napoléon III à faire confiance au couturier anglais Charles Worth. Grâce à cette protection, on a pu dire que dans le domaine de la mode le Second Empire avait été « l'âge de Worth ».

La princesse avait entendu dire que le collier de son amie se trouvait à présent entre les mains de Nina et elle était venue en compagnie de quelques autres amies pour admirer les bijoux de la belle Otero. Nina envoya aussitôt chercher à la banque le collier et des bijoux plus précieux encore, qui étaient le plus souvent transportés sous escorte policière. Quand la cassette arriva, les visiteuses se penchèrent avec le plus vif intérêt sur les trésors qu'elle contenait et exprimèrent leur enthousiasme devant une telle collection. Nina souleva le beau collier de perles de l'impératrice pour que toutes le voient bien, puis elle les laissa l'examiner de près. Elles se récrièrent sur sa beauté. Le lendemain, la princesse de Metternich adressa à Nina un billet, dans lequel elle lui exprimait sa gratitude de leur avoir laissé admirer un si bel ensemble ; elle l'avait fait accompagner d'une corbeille de fleurs. La relation de cette rencontre entre la princesse et la belle Otero fit l'objet d'un article intitulé « La reine des danseuses », paru dans le *Neues Wiener Zeitung*.

Peu après, alors que l'engagement de Vienne touchait à sa fin, Nina apprit que le père du baron Ollstreder venait de mourir. Betty lui rappela la promesse écrite du baron, qu'elle avait eu la prévoyance de faire mettre de côté. C'est Betty qui nous fait le récit de la scène :

« Ce matin, Madame a lu dans un journal que le vieil Ollstreder, le père de notre baron, était sur son lit de mort. Comme j'ai bien fait de recoller un soir les morceaux de papier que ma maîtresse avait déchirés en un si noble geste ! Il paraît essentiel que Madame et moi fassions une halte d'un jour ou deux à Berlin, avant de regagner Paris. Nous verrons si le baron reniera ou honorera sa signature.

Ma petite maîtresse, vous qui vous imaginiez que vous n'auriez pas besoin de ce papier pour lui rappeler sa promesse, vous voyez bien, à présent, quelle était votre erreur et quel service je vous ai rendu en la corrigeant.

[*Plus tard*] Dès notre arrivée à Berlin, Madame a fait demander au comte Nuremburg, l'un des amis du baron, de venir la voir et l'a prié de réclamer pour elle les quatre cent mille marks promis. Le baron est devenu apoplectique, paraît-il. Il a menacé de nous faire expulser, si nous persistions à lui réclamer de l'argent. Il se souvenait que le papier avait été déchiré et pensait que nous n'avions pas la moindre chance de prétendre à une partie de son héritage. Il va falloir lui faire un procès. Madame a laissé le soin de la défendre à l'avocat Friedman et nous poursuivons vers Paris. »

L'avocat Friedman parvint à faire accepter sa réclamation contre le baron et il avertit Nina que les quatre cent mille marks avaient été payés. Au moment du procès, le baron, persuadé que son billet avait été détruit, s'était apprêté à jurer sous serment qu'il n'avait jamais signé le moindre papier. Durant l'audience, Friedman lui avait laissé apercevoir le papier recollé et lui avait conseillé de ne pas faire de déclaration dans ce sens : « Ne jurez pas, baron. Et donnez-moi cinquante mille marks supplémentaires pour me remercier de vous avoir évité un faux serment. »

Plus tard, Nina devint la maîtresse de Guillaume II et fut l'interprète d'une pantomime dont il était l'auteur. Le baron Ollstreder, désireux de se venger de l'affaire du billet, loua l'une des avant-scènes, le soir de la première. Il se proposait de l'occuper en compagnie de Diane de Chandel, l'une des plus grandes rivales de Caroline. Le baron s'était dit que la vue de Diane, sa maîtresse d'alors, rendrait jalouse la danseuse et lui ferait rater son interprétation devant l'empereur. Ollstreder ne put mettre son projet à exécution. Parti chercher Diane en automobile, à Francfort, il eut un accident et se tua.

Alors qu'elle était à Berlin, Nina apprit qu'une actrice, Mlle Dalton, faisait des imitations d'elle. Au début, Nina ne réagit pas, mais quand la parodie lui parut ridicule elle provoqua l'actrice en duel. Elle avait déjà vu se battre de nombreux hommes pour ses beaux yeux, aussi, ayant pris des leçons d'escrime, eut-elle la prétention, cette fois, de défendre seule son honneur. Mlle Dalton eut le dessous et reçut un légère blessure. Nina la persuada ainsi que son imitation était de mauvais goût et qu'il ne faisait pas bon porter ombrage à la belle Otero.

La chanteuse Lina Cavalieri, l'une des vedettes des Folies-Bergère à cette époque, était une autre des rivales de Nina. Très jolie, elle avait une expression fine et piquante, mais il lui manquait l'impressionnante présence d'Otero. Quand un journaliste demanda à Liane de Pougy quelle était son opinion sur Otero et sur Cavalieri, la danseuse répondit : « Voici : lorsque Cavalieri porte des bijoux vrais, ils ont l'air d'être faux, tandis qu'Otero portant de faux bijoux a l'air d'en porter de vrais. »

VI

La vie à grandes guides

Pendant son séjour à Vienne, Caroline avait compté au nombre de ses admirateurs le comte Larchevêque, l'un des ennemis du baron Ollstreder. Cette fréquentation avait d'ailleurs été l'une des causes de l'éloignement du baron. Un jour, le comte avait offert à Nina d'aller passer trois semaines à Carlsbad en sa compagnie. Tout en estimant que ce voyage la délasserait, après la tension des représentations, elle éprouvait tout de même des appréhensions à l'égard du comte : « Il a les yeux les plus perçants que j'aie jamais vus ; ils semblent voir jusqu'au fond de l'âme, ce qui est fort troublant. Il me fait des avances, mais, tandis que je l'écoute, il me revient à l'esprit toutes sortes d'aventures tragiques, au cours desquelles des femmes ont amèrement regretté de s'être montrées trop confiantes. Quand il me dévisage, cet homme me donne froid dans le dos. »

Elle décida de se montrer prudente et ne consentit à l'accompagner que si leurs relations demeuraient platoniques. Il accepta, s'engagea à payer tous les frais et promit d'emmener un orchestre hongrois, dirigé par un certain Boldi, car Nina aimait beaucoup les airs tsiganes. Une victoire aussi facile aurait dû avertir Caroline qu'on attendrait d'elle autre chose qu'une simple compagnie ; il semble pourtant qu'elle ne se méfia pas suffisamment. En réalité, le comte avait bien une arrière-pensée en souhaitant l'emmener à Carlsbad : il avait besoin qu'elle inspirât confiance en prenant place à sa table, où l'on jouait gros jeu et où les parties étaient truquées.

Larchevêque avait loué l'une des plus belles villas de la station thermale, située dans un très beau parc. Nina et Betty y étaient installées dans un appartement tout à fait séparé de celui du comte, qui, respectueux de leur accord, ne cherchait pas à tirer avantage de la situation. Il se comportait de façon scrupuleuse, observait une parfaite réserve et lui faisait souvent des cadeaux. Ils menèrent une existence réglée : tous les soirs, ils dînaient aux accents entraînants de l'orchestre Boldi. Le dîner était suivi de longues heures de jeu, en compagnie de leurs invités. Nina et le comte ne semblaient pas avoir de chance ; leurs pertes étaient considérables, mais Larchevêque les réglait sans discuter.

Cette situation durait depuis une semaine lorsque Caroline se mit à soupçonner que quelque chose clochait. Larchevêque et elle perdaient toujours. Or, Larchevêque continuait à payer sans broncher et dans le même temps l'un de ses intimes, Trezenik, gagnait avec la même régularité. Il lui parut très bizarre de voir trois personnes se retrouver toutes les nuits et deux d'entre elles perdre l'équivalent de ce que la troisième acquérait. En outre, Nina avait remarqué que Trezenik revenait tous les matins et s'entretenait en particulier avec le comte. Lorsqu'elle entrait à l'improviste dans la pièce où les deux hommes se trouvaient, ils interrompaient leur conversation jusqu'à ce qu'elle se fût retirée. Nina se sentait si mal à l'aise qu'elle avait envie d'abréger son séjour.

— Mon cher, dit-elle au comte, au cours du dîner,

ma présence ici devient pour vous embarrassante. Je crois que je devrais partir.

— De quoi parlez-vous donc, ma beauté ? répondit-il.

— J'ai subi de lourdes pertes tous les soirs et cela a dû vous coûter une fortune. Je ne crois pas qu'il soit juste de ma part de vous importuner plus longtemps. En outre, vous aussi, vous avez perdu et cela ne peut continuer, car vos moyens ne sont pas illimités.

— Voyons, voyons, je ne regrette pas ces pertes. Vous n'allez pas nous laisser en plan, à présent.

Que voulait-il dire par « nous laisser en plan » ? se demanda Nina, avant de poursuivre :

— Mais en quoi vous serais-je utile ? Vous avez dû perdre une fortune depuis que je suis ici.

— Eh bien, ne vous inquiétez pas pour cela. D'ailleurs, je ne peux pas vous laisser partir au moment où la chance va tourner. Il faut que je vous offre une chance de vous refaire. Convenons que je continuerai à payer vos dettes et que tous les bénéfices seront pour vous. Vous ne voudriez pas priver nos parties de baccara du charme et de l'attrait que vous leur apportez ? Perdre ne m'amuserait pas, si vous n'étiez plus à la villa des Roses.

Il fallait l'avouer, l'offre était généreuse : il n'en coûterait rien à Caroline de perdre et elle pourrait peut-être gagner. Elle s'avouait pourtant, à en juger par ses expériences récentes, que c'était là une hypothèse peu vraisemblable. Elle demeurait donc préoccupée. Ses craintes furent d'ailleurs confirmées le lendemain, quand Betty, toujours pleine de bon sens, lui révéla qu'elle trouvait curieux, de son côté, le déroulement de ces parties, avant d'ajouter :

— Il se passe ici je ne sais quoi et j'ai l'impression qu'il est dangereux d'y rester plus longtemps.

— Que veux-tu dire ? demanda Nina, qui n'osait encore lui faire part de son inquiétude.

— M. le comte et M. Trezenik sont en excellents termes.

— Tout le monde le sait, l'interrompit Nina.

— Il y a une conspiration entre eux, Madame.

— Une conspiration ! Eh bien, je dois admettre que j'étais un peu inquiète. Mais pourquoi crois-tu qu'ils aient un accord ?

— Eh bien, hier, j'ai entendu M. le comte dire à M. Trezenik : « La petite dame veut s'en aller. Elle s'ennuie à force de perdre. Nous ferions mieux de la laisser gagner un peu, sinon elle aura des soupçons. »

Le soir même, Nina gagna, confirmant ainsi les soupçons de Betty et les siens. Le lendemain matin, quand elle sonna pour raconter sa nuit à Betty, la femme de chambre ne répondit pas. Près d'une heure après, Betty parut enfin, tout essoufflée.

— Je vous demande pardon, Madame, de vous avoir fait attendre, mais quand vous saurez où j'étais et ce que j'ai entendu vous comprendrez.

Tout en parlant à Nina, elle ouvrait les armoires, les tiroirs et en sortait tous les vêtements de sa maîtresse.

— Betty, que fais-tu ?

— Les bagages, Madame. Nous partons d'ici le plus vite possible. Il vous faut trouver une excuse pour justifier un départ précipité. Lorsque vous aurez pris congé, j'aurai terminé.

— De quoi s'agit-il, Betty ? Il faut m'expliquer.

— J'ai tout compris. Après ce que j'ai entendu, nous ne pouvons plus rester ici. Depuis notre arrivée, je me tourmente à la pensée de ce qui se passe ici. Je ne parvenais pas à comprendre pourquoi les deux hommes s'enfermaient dans le bureau du comte. Hier, après les avoir entendus convenir de vous laisser gagner, de crainte que vous n'ayez des soupçons, j'ai résolu de me cacher dans l'appartement du comte. Je voulais savoir de quoi ils s'entretenaient tous les matins. En collant l'oreille contre la paroi du cabinet de toilette de la chambre bleue, on entend tout ce qui se dit dans le bureau voisin. Voilà pourquoi je m'y suis cachée avant l'arrivée de M. Trezenik. Quand il est entré, ils ont commencé à parler de vos gains de la veille. M. Trezenik espérait que vous les laisseriez un peu tranquilles et il voulait savoir si le comte estimait que vous deviez gagner encore ce soir. « Non, je ne le crois pas, a répondu le comte. Il suffira qu'elle ne perde pas trop. » Le comte a alors réclamé ses chèques.

— Ses chèques ! s'exclama Nina.

— Oui. Il a dit qu'il voulait ceux qu'il avait signés hier, ainsi que ceux d'avant-hier, destinés à régler ses dettes. Il semble que M. Trezenik les ait eus sur lui, car je l'ai entendu dire au comte : « A présent, déchirez-les. » Puis il a ajouté : « J'ai rencontré le comte de Nisberg en venant ici, ce matin. Il a regretté de n'avoir pu se joindre à nous, hier. Il a promis qu'il viendrait ce soir. »

Caroline se rendit compte qu'elle avait été invitée à Carlsbad pour servir d'appeau, afin de leurrer des joueurs sans défiance. Ses pertes et celles du comte Larchevêque n'étaient destinées qu'à endormir ces gens, à leur donner un faux sentiment de sécurité, à risquer d'autant plus volontiers leur argent que leurs chances de gagner augmentaient au fur et à mesure de l'affaiblissement de celles de leur hôte, le comte Larchevêque. Le comte de Nisberg devait être leur prochaine victime.

Nina l'avait connu à Vienne, où ils avaient eu une brève liaison ; il s'était montré charmant et généreux avec elle. Nina ne voulait pas le voir souffrir. Que pouvait-elle tenter ? Il lui faudrait se montrer très prudente, sinon elle pourrait se trouver en danger. Elle prit une résolution.

— Je jouerai encore ce soir, décida-t-elle.

— Mais, Madame, c'est de la folie ! Il faut partir d'ici tant que nous le pouvons. Nous devons partir aujourd'hui.

— Nous partirons demain.

Nina était bien déterminée à ce que les choses se passent ainsi, se dit Betty, frappée par la froideur de son regard.

Ce soir-là, dans la villa, l'atmosphère fut très joyeuse. La musique, la verve, le rire des invités étaient d'une vivacité particulière, surtout aux tables de jeu. De grosses sommes d'argent avaient été échangées les jours précédents, mais les pertes semblaient plus fortes que d'habitude. L'un des joueurs avait encore moins de chance que les autres : le charmant comte de Nisberg. M. Trezenik prit la banque et le pauvre comte perdit de nouveau. Plus ses difficultés augmentaient, plus il s'efforçait de se refaire, mais en vain. A présent qu'elle savait, Nina voyait comment Larchevêque et Trezenik entraînaient leur victime au désastre. Elle s'efforça d'attirer l'attention du comte de Nisberg, mais n'y parvint pas, car Larchevêque, son voisin, le poussait à continuer. A cinq heures du matin, le comte de Nisberg avait perdu tout ce qu'il avait sur lui et remit en outre à Trezenik un chèque de quatre cent mille francs pour couvrir le reste. Tous les joueurs se retirèrent, à l'exception de Nisberg, de Nina et des deux escrocs. Nisberg avoua qu'il était ruiné, que son chèque était sans provision, qu'il ne lui restait plus qu'à choisir entre le déshonneur et le suicide. Il préférait cette dernière solution. Nina décida alors d'intervenir.

— Mon cher comte, vous ne devez rien.

— Je ne comprends pas.

— Ce soir, vous n'avez pas perdu un sou.

Les trois hommes la regardèrent avec stupeur.

— Mais voyons, ma chère, j'ai tout perdu.

— Non, mon pauvre garçon, vous avez été trompé. Vous ne devez rien à la maison.

Larchevêque se tourna vers elle et lui murmura, d'un ton impatient :

— Qu'est-ce qui vous prend ? Vous n'êtes pas bien. Vous vous sentirez peut-être mieux après quelques heures de sommeil.

Il y avait dans sa voix une sorte d'avertissement.

— Ayez l'amabilité de me remettre le chèque du comte, monsieur Trezenik, reprit Nina.

Larchevêque fit signe à Trezenik de s'exécuter. Ce dernier le fit à regret et Nina déchira le chèque en morceaux, qu'elle déposa dans la main du comte de Nisberg.

— J'ai bien compris ce qui se passait ici et je pourrais le prouver, soutint Nina. A présent, monsieur, vous allez rendre au comte tout ce qu'il a perdu ce soir.

— Voilà qui est scandaleux ! bredouilla Trezenik, indigné.

— Vous avez perdu la raison, mademoiselle, siffla Larchevêque. Quel jeu jouez-vous donc ? Vous êtes ivre, sans doute.

— Il ne s'agit pas d'un jeu, mon ami. Je suis sobre et très décidée. Si vous ne rendez pas son argent au comte, je vous dénoncerai. Ce sera le plus grand scandale que Carlsbad ait jamais connu.

Les deux hommes comprirent qu'elle était résolue. Ils étaient dans une situation embarrassante : devaient-ils relever le défi ou céder, de crainte qu'elle ne mît sa menace à exécution et leur fît tout perdre ? Ils préférèrent céder.

— Je ne saurais assez vous remercier, ma chère Caroline, dit le comte de Nisberg. Comme il est heureux que vous soyez aussi fine que belle.

Il lui fit ses adieux, prit son argent et se retira. Après son départ, le comte Larchevêque fit remarquer à Nina :

— Vous savez que, si vous aviez usé de cette menace, vous auriez été impliquée dans l'affaire ?

Nina le regarda droit dans les yeux.

— Je n'ai plus rien à vous dire, comte. Je ne demande qu'une chose, c'est que vous me laissiez partir. Ce que vous ferez en mon absence ne regarde que vous.

— Le rôle de Don Quichotte ne vous va pas, mademoiselle, commenta le comte, avec amertume.

Nina ne releva pas et s'en fut.

Des mois plus tard, quand elle eut remporté un triomphe aux Folies-Bergère, elle reçut une lettre du comte Larchevêque. Il avait, semblait-il, admiré le courage manifesté par la belle Otero lorsqu'elle avait défendu Nisberg, et il estimait qu'elle pourrait lui rendre service, à présent que sa réputation s'était affermie sur le plan international. Il souhaitait la voir participer à un projet auquel il songeait : « Voulez-vous avoir la clé de la fortune ? Je la détiens, vous le savez. Je vous la prêterai. Il vous suffit de décider pour disposer demain de tout l'argent que vous pouvez désirer. Venez passer quelque temps près de moi. Nous joindrons l'utile et l'agréable, durant une petite "saison", comme celle que nous avons vécue à Carlsbad. Cette fois, pourtant, vous aurez peut-être appris à être moins naïve et vous nous épargnerez vos rodomontades à la Don Quichotte. Vous aurez acquis, j'espère, un peu plus de philosophie... »

Caroline ne répondit pas à cette lettre. Elle apprit plus tard d'un Anglais, qui connaissait bien Larchevêque, que ses cartes portaient des marques invisibles, seulement repérables de ceux qui étaient avertis.

Ce qu'elle apprit sur les procédés malhonnêtes souvent utilisés aux tables de jeu n'atténua en rien sa passion. Ces connaissances auraient plutôt contribué à l'accroître. Les fortunes qu'elle gagnait en amour, elle les perdait au jeu.

L'affaire de Carlsbad eut une conséquence curieuse. Elle inspira à Nina davantage de méfiance à l'égard de Betty, qui lui avait révélé l'accord existant entre les deux hommes. Betty en profita, semble-t-il, pour insister auprès de Caroline sur la manière dont elle l'avait sauvée et tenta d'exercer plus d'influence sur sa maîtresse. En dépit de toutes les observations, Betty s'était mise à tutoyer Caroline. Cette dernière laissait faire, mais guettait le moment favorable pour rétablir l'équilibre.

Peu après avoir quitté Carlsbad, la belle Otero fut invitée à se produire à Bucarest. Les rues étroites, les palais, les beaux jardins et les admirables églises de cette ville l'enchantèrent. Là encore, Nina remporta un grand succès ; ses danses et ses chants ravirent le public roumain. La musique des orchestres tsiganes l'incitait à danser avec une sorte de frénésie, qui soulevait une tempête d'applaudissements. Partout où elle allait, au restaurant, dans une soirée privée, Nina dansait. Un soir, après qu'elle eut dansé le fandango, l'un des invités s'approcha d'elle et lui dit d'un air sérieux : « Le plus austère des anachorètes, vivant de légumes et d'eau, ne vous verrait pas danser le fandango, mademoiselle, sans jeter aussitôt ses sandales et ses vœux aux orties. »

Un autre soir, un millionnaire fort laid, mais sympathique, du nom de Riederman, donna un souper en son honneur. Après le repas, elle dansa avec tant d'abandon que Riederman jeta à ses pieds son portefeuille, ses bijoux, tout ce qu'il avait sur lui. Ravie de le voir réagir ainsi, elle se débarrassa de ses chaussures et se mit à danser pieds nus, comme on le faisait dans les cabarets de Séville. Elle se dirigea peu à peu vers la porte de la maison, l'ouvrit toute grande et sortit. Accompagnée par les musiciens, suivie de Riederman et ses invités, enchantés, elle s'élança avec grâce dans la rue. Il avait neigé et le clair de lune, qui brillait sur la neige, donnait au paysage un aspect fantastique. Nina dansa jusqu'à son hôtel, où Riederman et ses amis, transportés de joie, lui souhaitèrent bonne nuit. Epuisée, elle se laissa tomber sur son lit et s'endormit. Cette fantaisie lui coûta cher, car elle eut une congestion pulmonaire et demeura couchée six semaines. Désireux de lui témoigner sa gratitude, Riederman l'entoura de soins, faisant tout pour l'aider à se remettre et à remonter sur la scène.

Quand elle fut guérie, elle accepta de se produire dans un café-concert de Moscou pour mille roubles par soirée. Le directeur, un certain Montos, s'aperçut qu'il lui était impossible, en payant Nina et sa troupe un tel prix, de faire un bénéfice suffisant, tant sa salle était petite. Il proposa donc à Nina de signer un contrat l'engageant à se produire chez des particuliers, après le spectacle. Elle refusa de signer un tel contrat, préférant recevoir cinq cents roubles par invitation, puis payer Evariste et les guitaristes. Elle était à ce point attirée par l'argent qu'il lui arrivait de souper deux ou trois fois de suite, gagnant ainsi plus qu'elle ne l'avait fait en soirée, au café-concert.

Un soir, après le spectacle, elle se rendit au souper qu'offrait un très riche éleveur de moutons dans l'un des cabinets particuliers d'un restaurant à la mode. Caroline se produisit pour lui, heureuse de n'avoir qu'à le distraire par ses danses et par ses chants, car avec sa barbe et ses cheveux mal soignés cet éleveur lui déplaisait au plus haut point. Pendant qu'elle dansait, il buvait beaucoup et s'excitait de plus en plus. Quand elle eut terminé, il l'applaudit et la supplia de danser encore, ce qu'elle fit. Elle le vit fouiller dans les lourdes bottes qui lui montaient jusqu'au mollet et en tirer des pièces d'or, qu'il lui lança comme on jette des confettis.

Tout en dansant, elle le vit parler à un maître d'hôtel et se demanda ce qu'ils complotaient. Une fois son rappel terminé, épuisée, elle accepta un punch, fait d'un mélange de cognac, de vin, de champagne et de liqueur. Le mélange la grisa aussitôt et elle s'évanouit.

Quand elle revint à elle, elle était seule avec l'éleveur. En la voyant bouger, celui-ci se dirigea vers la cloison, tourna une poignée cachée et le panneau s'ouvrit pour laisser apparaître un lit. Si Nina n'était pas femme à repousser les avances des hommes, en particulier des hommes riches, la vue de ce paysan ivre la révolta. Alors qu'il approchait les bras tendus, elle l'évita, se mit à crier, courut à la porte et la trouva fermée à clé. En se retournant, elle s'empara de l'objet le plus proche, le lui lança à la tête, puis recommença. La voir se débattre enflamma plus encore l'éleveur, qui redoubla d'efforts. Nina fit pleuvoir sur lui les assiettes et les verres du dîner, l'obligeant à se réfugier sous la table. Ses appels au secours ainsi que le bruit de la vaisselle et des glaces brisées attirèrent enfin le personnel.

Le vacarme était tel qu'un autre client du restaurant appela la police. Le lendemain, Nina porta plainte contre l'éleveur de moutons au grand maître de la police, en réclamant sa protection. La police fit fermer le café-concert de M. Montos, mais Nina ne s'en émut pas et accepta une invitation à donner des représentations au Malinka, le petit théâtre de Saint-Pétersbourg. C'est dans cette ville que la danseuse allait remporter ses plus grands succès mondains.

Les représentations de Caroline au Malinka remportèrent un triomphe et des membres de la famille royale ou des cercles aristocratiques de la Russie impériale devinrent ses fervents admirateurs. Son premier amant fut le grand-duc Pierre, petit-fils de Nicolas Ier, auquel elle a donné le titre de prince Pierre, dans ses Mémoires. Il gâta Nina, lui offrant de l'argent, des bijoux et d'autres cadeaux luxueux. La danseuse allait garder toute sa vie la meilleure opinion de ce prince et conserver la première lettre d'amour qu'il lui eût adressée :

« J'ai souvent imaginé que j'étais amoureux, mais aujourd'hui il me semble que je n'ai jamais su ce qu'aimer voulait dire... Il est regrettable d'oublier, au point de les renier, les amours passées, mais comment m'en défendre ? Tu es si belle, si belle, ma petite danseuse ! J'aime tant le sourire provoquant que je lis au fond de tes yeux, la grâce délicate de ton corps souple... Quelle charmante statue de marbre chaud ! Dès le premier soir où je t'ai vue danser, il m'a semblé que chacun de tes pas, chacun de tes gestes prenait une place dans mon cœur.

Quelle joie c'est pour moi que de te donner tout ce que tu souhaites. Quelles folies ne commettrais-je pas pour te faire plaisir ! Je sais très bien que je fais des folies... Tant pis pour moi. Nitchevo ! *Quand la flèche fatale est lancée, ce n'est pas le bouclier de la prudence qui l'arrêtera.* »

De même que tant d'autres hommes de cette époque, prêts à risquer tous leurs biens pour ne pas perdre la faveur de leurs célèbres maîtresses, le prince Pierre s'efforçait de conserver à tout prix celle de Nina. Il lui disait parfois avec douceur :

— Ruine-moi, Ninouchka, si tu veux, mais ne me quitte jamais, ne me quitte jamais !

Leur liaison était connue du Tout-Saint-Pétersbourg ; la danseuse était donc très demandée et devenait le point de mire de nombreuses réceptions. Un soir, elle se fit amener nue sur un plat d'argent, lors d'un souper, ce qui incita l'un des grands journaux de la ville à lui consacrer l'article suivant : « A Saint-Pétersbourg, la señora Otero tourne toutes les têtes. Un soir, au cours d'un souper chez Cuba, un colonel des Chevaliers-Gardes a eu l'idée de la présenter à la compagnie, servie *au naturel,* sur un plat d'argent. On pense bien que la señora, faite en vierge de Vélasquez ou de Murillo, a remporté un *succès fou.* Certains des Russes présents se sont mis à genoux devant sa beauté et ce joli geste a donné à une scène qui aurait pu paraître triviale un sens presque symbolique, évocateur de la Grèce antique et de Phryné, nue devant ses juges. La force et l'intensité du sentiment qui s'empare de l'être devant la perfection des formes prouve que l'homme honore la beauté comme il le fait d'une œuvre d'art. C'est la raison pour laquelle on a pu dire que le miracle de l'Amour était identique au miracle de l'Art. »

Le prince Pierre présenta la danseuse à son frère aîné, le grand-duc Nicolas, vice-roi du Causase. Le grand-duc, qui jouera un rôle important, plus tard, dans la vie de Nina, la présenta à son tour au tsarévitch, le futur Nicolas II, dernier tsar de Russie. Le tsarévitch s'intéressa beaucoup à elle et ils eurent plusieurs rendez-vous clandestins, avant qu'il annonçât ses fiançailles avec la princesse Alix de Hesse. C'est à cette époque aussi que Nina allait rencontrer Raspoutine. Si le moine n'était pas encore au sommet de sa gloire, il avait déjà grande réputation, dans certains milieux, pour ses talents de guérisseur. Curieuse de le connaître, Nina décida d'aller le voir, car il se trouvait alors à Moscou. Habillée en paysanne, Caroline se rendit à la petite maison où il demeurait et attendit assez longtemps, une foule de gens, des femmes, surtout, faisant la queue pour l'approcher. Quand son tour vint, enfin, elle fut impressionnée par l'apparence de cet homme. Il avait le teint pâle, les traits ravagés, mais l'on subissait aussitôt son magnétisme. Elle s'approcha de lui, les yeux baissés, et lui dit qu'elle était misérable, qu'elle n'avait pas mangé depuis plusieurs jours, qu'elle avait faim. Après l'avoir écoutée avec attention, Raspoutine lui dit :

— Ecoutez, mon enfant, vous allez vous asseoir là et attendre quelques instants. La première offrande que l'on viendra m'apporter sera pour vous.

Nina n'avait d'autre solution que de jouer son rôle jusqu'au bout, en dépit de son émotion, car elle se demandait si le moine, dont on vantait tant les dons, n'allait pas découvrir la vérité. Peut-être, après tout, n'était-il pas aussi habile qu'on le disait, conclut-elle, au bout d'un moment. Une femme se présenta alors en grand équipage. Elle tendit cinq cents roubles à Raspoutine, qui les fit aussitôt remettre à Nina. Celle-ci décida, non sans hésitation, de les accepter avec gratitude et de se retirer. Dés qu'elle eut quitté la maison, elle glissa l'argent dans les mains du premier indigent rencontré. Plus tard, elle notera dans ses Mémoires : « Sa réputation, à Moscou, était grande. On prétendait qu'il faisait des miracles. Un jour, m'avait-on dit, il avait fait transporter chez lui un enfant paralysé et l'enfant avait marché ; un autre jour, c'était une femme atteinte d'un cancer qu'il avait guérie. Que ne racontait-on pas ! On soutenait qu'une fois un sceptique avait voulu lui faire croire qu'il ne pouvait marcher : il s'était couché et avait fait demander au grand guérisseur de venir le voir. Raspoutine s'était rendu chez lui et l'avait béni. Après le départ du moine, le faux paralytique avait tenté de se lever, mais s'en était trouvé incapable. »

Le prince Pierre présenta aussi Nina à son cousin, le grand-duc Alexandre, qui témoigna beaucoup d'intérêt pour la petite danseuse espagnole. Le grand-duc se piquait d'être un « homme à femmes », se plaindra un jour Nina, pourtant « il n'apporte que la terreur aux femmes qu'il choisit, car il les traite comme des objets de conquête, se contentant d'ajouter chacune de celles avec qui il couche sur sa liste de trophées ». Plus tard, Caroline apprendra que les Russes balayaient volontiers tout scrupule lorsqu'ils désiraient la femme ou la maîtresse d'un parent ou d'un ami. C'était, nous dit-elle, une forme d'« inconduite » acceptée. Même si elle s'en défendait, Caroline était flattée par les attentions du grand-duc Alexandre, si différent de son cousin Pierre, tendre, chaleureux et généreux. Elle se sentait attirée par cet homme, en dépit de sa volonté. Elle n'oubliait jamais la modestie de ses origines, mais, si elle partageait le lit de nombreux hommes illustres de son temps, elle n'acceptait pas d'être traitée comme une vulgaire prostituée. Sa fierté et son prix étaient beaucoup plus élevés, ainsi que le grand-duc allait le découvrir.

Chaque fois qu'elle rencontrait le grand-duc Alexandre à une réception, une soirée ou à l'opéra, elle se montrait coquette, mais sans chercher à lui plaire plus qu'à d'autres. Pour elle, il s'agissait d'un jeu, d'un jeu à sens unique, où elle estimait jouir de l'avantage de faire l'ultime pas au-delà duquel on aurait pu parler d'avances. Ce n'était pas, selon elle, un droit dont les hommes pouvaient se prévaloir. Le grand-duc, toutefois, n'admettait aucune contrainte à ses désirs. Il se considérait au-dessus de tout et l'éminence de son rang l'autorisait à ne pas se comporter comme le commun des mortels. Il était résolu à obtenir Nina, sans tenir compte des refus raisonnables qu'elle lui avait opposés jusque-là.

Un soir où le temps était exécrable, le prince Pierre décida d'attendre Caroline chez lui plutôt que d'aller la chercher au théâtre. Après la représentation, le grand-duc Alexandre s'offrit à la conduire chez le prince Pierre, où il était attendu pour souper. La neige tombait si dru que Nina ne se rendit pas compte de la route suivie par la troïka qui l'amena devant le palais du grand-duc. « Je m'arrêtai sur le seuil. Le grand-duc vit mon hésitation et me poussa avec fermeté à l'intérieur. Je commençai à m'inquiéter quand je me vis dans son salon. »

Il lui enleva ses fourrures et rit, l'air triomphant :

— Ah ! ma petite gitane, te voilà enfin ! Cette fois, tu ne m'échapperas pas, je te le promets. Ah ! tu as cru que tu allais pouvoir m'allumer comme tu le fais avec tous les autres, puis te moquer de moi ? Non, ma jolie gitane, tu es ma proie, maintenant, et le grand-duc Alexandre va te montrer qu'on ne se joue pas de lui.

Elle se mit alors à hurler et lui lança une litanie d'injures. Surpris, le grand-duc sortit de la pièce et l'enferma à clé, non sans lui avoir recommandé :

— Calme-toi, ma petite gitane.

Nina l'entendit donner des ordres aux domestiques, puis ceux-ci se dispersèrent pour les exécuter. Mettant à profit leur absence, Nina chercha un moyen de s'échapper. Ses fourrures avaient disparu, car le grand-duc les avait emportées, persuadé qu'elle ne pourrait repartir sans elles, par un froid aussi intense. Le thermomètre était descendu bien au-dessous de zéro et sortir dans une robe du soir aurait équivalu à un suicide. Nina, que rien n'abattait, pourtant, ouvrit l'une des fenêtres de la pièce et en dépit d'un vent violent et du froid intense se laissa tomber dehors. La fenêtre n'étant située qu'à un peu plus de deux mètres du sol, la neige amortit sa chute.

Elle était à présent en danger, car si elle ne trouvait pas un abri et des vêtements chauds elle mourrait. Presque aussitôt, un traîneau passa. Elle héla le cocher, qui fut stupéfait de voir une femme seule, en grand décolleté, sans manteau, dans la rue, à quatre heures du matin. Il la fit monter dans son traîneau et jeta sur ses épaules une peau de mouton. Bien que celle-ci eût été pleine de puces, Nina lui en fut reconnaissante. Le cocher fouetta alors son cheval et la conduisit chez le prince Pierre, comme elle le lui avait demandé. Tout au long du trajet, il répétait :

— Mon Dieu ! Mon Dieu ! Pauvre dame ! Pauvre dame !

En arrivant chez le prince Pierre, le cocher la descendit en l'enveloppant étroitement, puis il la porta dans la maison. Sans prêter attention au prince, qui attendait Nina avec anxiété depuis des heures, en se demandant ce qui lui était arrivé, et qui lui posait question sur question, le cocher fit boire de la vodka à la danseuse et la couvrit avec tout ce qu'il trouva. Un médecin, appelé aussitôt, recommanda de la garder couchée. Le cocher, récompensé par le prince, prit congé dès qu'il la sut sauvée. Nina demeura quatre mois chez le prince, car elle fut très malade. Bien soignée par le prince et ses gens, qui firent preuve d'une grande sollicitude à son égard, elle recouvra peu à peu la santé.

Quand elle revit, plus tard, le grand-duc Alexandre, elle lui dit d'un ton froid : « Vous autres, vous croyez tout pouvoir vous permettre ! Vous savez bien que l'on ne peut se battre ni avec les grands-ducs, ni avec les domestiques. Vous avez tiré avantage de ce privilège. »

Le médecin lui conseilla de rentrer en France pour achever sa convalescence. C'est dans le journal de Betty que l'on trouve la suite de son histoire.

« Nous quittons la Russie. Madame est à peu près guérie et le médecin lui conseille de rentrer en France, pour se remettre. Le prince Pierre a décidé de nous accompagner. L'un des amis du prince, Grichi Gourbazoff, qui prétend avoir besoin de voyager pour se consoler d'une aventure désagréable, viendra également. Ce Gourbazoff est très riche. Il avait une maîtresse qu'il entretenait de façon royale et à laquelle il était très attaché. Un jour, grâce à ses libéralités, la dame de son cœur s'est estimée assez fortunée pour pouvoir choisir selon ses goûts ; elle l'a quitté pour un prince décavé, qui l'a épousée. Pauvre Grichi ! Pourtant, il est très vite apparu qu'en dépit de sa profonde amitié pour le prince Pierre il était tout prêt à lui faire subir un sort semblable à celui que lui a fait connaître le prince décavé.

[*Plus tard*] Nous voici installés à l'hôtel Chatham à Paris. Le prince Pierre se montre toujours généreux et charmant. Grichi est beaucoup moins charmant, mais tout aussi généreux. Il a d'autant plus de mérite qu'il n'obtient rien en retour. J'admire avec quelle habileté Madame sait à la fois encourager et décourager ses admirateurs ; elle parvient à ce que l'amant et le soupirant fassent bon ménage. Ils sortent tous les trois ensemble. L'autre jour, pendant que Madame se reposait, il s'est passé un curieux incident. Grichi, qui n'a aucun droit, a fait une scène de jalousie au prince Pierre. Celui-ci, qui est l'être le plus sympathique et le plus exquis, a répondu :

— Ecoute, Grichi, nous sommes depuis longtemps d'excellents amis. Je te considère comme un frère et je ne pourrais ni me battre, ni me brouiller avec toi. Nous allons demander à Ninouchka de choisir entre nous : ce sera toi ou moi.

Quand Madame est venue les rejoindre, ils lui ont demandé sur un ton solennel de choisir. Elle a d'abord paru contrariée de les trouver dans un tel état d'esprit. Elle adore toujours le prince Pierre, mais elle n'a guère envie de renoncer à l'ami empressé qu'est pour elle le second de ses admirateurs. Elle les a regardés un instant sans rien dire, puis elle a éclaté de rire et leur a répondu :

— Je viens gentiment vous chercher pour que nous allions nous amuser et je vous trouve des visages aussi tristes que des portes de prison ! Il ne faut pas m'ennuyer avec des histoires pareilles ! Venez, venez, ne parlons plus de tout cela. Un bon dîner et il n'y paraîtra plus...

Madame commence à répéter le spectacle des Folies-Bergère. Le prince Pierre a été rappelé par dépêche à Saint-Pétersbourg et Grichi, qui n'est pas en bonne santé, est parti pour le Midi de la France. »

Inaugurée le 1er mai 1869, la salle des Folies-Bergère, construite sur le modèle de l'Alhambra de Londres, a été le premier music-hall de Paris. On y présentait des spectacles de variétés : des jongleurs, des clowns, des mimes, des acrobates, des lutteurs, des chanteurs, des danseurs et des numéros avec des animaux s'y sont succédé, en provenance des meilleurs cirques d'Europe. La direction connut toutefois des difficultés et fit faillite. La première des revues qui rendit célèbres les Folies-Bergère (grâce à un nouveau directeur) n'eut lieu qu'en 1886. Dès lors, son affiche offrit au public un peu de tout ; de Tom Canon « le lutteur invincible » à Paulus, en passant par la chanteuse Yvette Guilbert et toutes les grandes cocottes du temps. La première à se produire sur cette scène ne fut autre que la belle Otero. Cela se passait en 1893.

L'accueil réservé à Caroline par le public de cette salle nous est relaté par un compte rendu de *La Vie parisienne*, au lendemain de l'avant-première, offerte par *Le Figaro* : « On avait vu bien des choses à Paris, mais il fallait qu'Elle vînt pour que l'on vît cela : une femme aux yeux d'Andalouse, dont parle le poète, aux lèvres rouge sang, aux magnifiques cheveux ondulés bleu corbeau, qui se cabre et rejette la tête en arrière comme un jeune pur-sang. Les tournoiements de ses hanches et de ses jambes affolent le public. Elle est parée de bijoux comme une idole et l'éclat de ses diamants, de ses rubis, de ses émeraudes éblouit les spectateurs.

Elle a la poitrine plus couverte de joyaux que ne l'est de médailles et de décorations celle d'un chef du protocole ; elle en a dans les cheveux, aux épaules, aux bras, aux poignets, aux mains, aux jambes et aux oreilles. Quand elle a fini de danser, les planches scintillent encore, comme si l'on y avait pulvérisé un lustre de cristal. Elle est protégée par deux agents, qui surveillent ses millions. »

Betty, elle aussi, note, à propos de cette soirée :

« Madame a débuté aux Folies et les journaux débordent d'enthousiasme à son propos. *Le Figaro* parle de "cette superbe et captivante personne... d'un fandango d'une lascivité endiablée... de ses petits pieds qui frappent avec furie le plancher". *Gil Blas* soutient qu'elle est l'une des plus jolies femmes qui aient paru depuis longtemps sur la scène, évoque ses danses d'une sensualité "effrénée" et ne croit pas qu' "autant de diamants et d'émeraudes aient jamais été réunis sur une poitrine aussi marmoréenne". *La Vie parisienne* célèbre ses lèvres couleur de rubis, ses cheveux bleu-noir, ses effets de "jeune pur-sang", l'éclat de ses millions de bijoux... Elle mentionne enfin la présence des deux détectives qui veillent sur eux comme s'il s'agissait du Koh-i-Noor.

Le poète Armand Silvestre lui a dédié un sonnet :

"La Grâce et la Beauté, la Danse et la Chanson,
Comme en une vivante et même apothéose,
Suivent en chœur ses pas partout où son pied pose,
Eveillant autour d'elle un lumineux frisson.

C'est du doux rossignol qu'elle apprit sa leçon,
Et ses clairs diamants furent pris à la rose,
Dont l'immortel éclat s'ouvrait au ciel morose,
Lorsque les dieux avaient l'aube pour échanson !

C'est le même collier qui tour à tour s'égrène
Aux perles de sa voix et sur son cou de reine,
Comme un bijou sonore au vent du ciel semé.

Quand, de son front riant, elle écarte les voiles,
La nuit de ses cheveux se disperse en étoiles,
Telle brille l'aurore et dansait Salomé.''

En dépit de tout cela, il y a des choses qui m'inquiètent. Je redoute que ma maîtresse ne compromette une magnifique carrière par des futilités, voire des sottises qui peuvent se révéler dangereuses. Elle subit en ce moment de mauvaises influences et je perds tout contrôle sur elle. Elle se laisse entraîner dans des cercles douteux. »

L'un de ces cercles était celui de la comtesse de Jolival. Caroline avait été invitée à lui rendre visite. Elle fut un peu surprise par l'allure de la comtesse : assez masculine, les cheveux coupés très court, cette dernière portait un costume tailleur, tenue qui n'était pas encore à la mode. Elle avait fait un mariage malheureux et recherché l'affection auprès d'autres femmes, qui avaient connu des déboires. Sa compagne du moment était vêtue comme elle, mais on lui avait taillé les cheveux en mèches courtes et irrégulières, après les avoir teints en rouge. C'était une alcoolique et Nina savait qu'on se moquait d'elle, en société. Ce qu'elle ignorait et qui la surprit beaucoup, c'est que cette curieuse femme, toujours ivre, n'était autre que l'ancienne beauté portugaise Maria de Mendoça, fille d'un général et maîtresse d'un duc, qu'elle avait aperçue autrefois. C'était cette Maria, en effet, qui avait jeté un bouquet de fleurs à Nina, lors de ses débuts au théâtre Avenida, à Lisbonne. Apitoyée, Nina lui marqua de la sympathie et l'invita à venir chez elle lui raconter son histoire. Selon Maria, le duc était mort de façon subite, alors que son argent et ses bijoux se trouvaient dans le coffre-fort de son protecteur. Il lui avait été impossible de prouver que ces valeurs lui appartenaient. Il ne lui restait que l'hôtel particulier où le duc l'avait installée et quelques bijoux de peu d'importance. Elle avait décidé de tout vendre et de s'installer à Madrid pour y vivre sur un pied modeste. Là, elle était tombée amoureuse d'un joueur, qui avait perdu tout ce qu'elle avait pu apporter du Portugal. Par désespoir, Maria s'était mise à boire. Elle avait été recueillie par la comtesse de Jolival.

Il semblait que cette situation fût précaire, aussi Nina offrit-elle à cette femme de venir tenir auprès d'elle un rôle de dame de compagnie. Les motifs de Nina n'étaient pas tout à fait purs : elle estimait avoir besoin d'une autre présence amie pour contrebalancer l'influence de Betty. Mais Maria n'était pas plus facile à vivre que la femme de chambre. Les deux femmes rivalisèrent pour monopoliser les faveurs de Nina et la danseuse se trouva entre deux feux. Betty reprend le fil de l'histoire :

« La passion de Madame pour le jeu m'inquiète. Elle joue dans des cercles mixtes ; bien entendu, elle perd. Ah, si je pouvais éteindre en elle cette maudite passion pour le jeu, quel service je lui rendrais ! C'est sans doute dans l'un de ces milieux qu'elle a fait la connaissance de la femme qui se fait appeler Maria. Cette femme, je la déteste ; elle est toujours auprès de Madame. Il est évident que ce n'est pas Madame qui y gagnera. Ah, que cela me tourmente !

[*Plus tard*] Le maudit goût du jeu a conduit ma maîtresse où il devait l'entraîner. Elle a des dettes de tout côté ! Lingères, couturières, modistes réclament jour après jour le montant de leurs factures et elles y mettent d'autant plus d'insistance que nous n'avons pas d'adresse permanente en ville, mais vivons à l'hôtel.

De mal en pis ! On a opéré à l'hôtel une saisie correspondant à une facture de trente mille francs pour des marchandises qui n'ont jamais été commandées par Madame ! L'enquête a prouvé que c'était Maria — il fallait s'y attendre — qui, par je ne sais quel moyen, s'était fait livrer le tout au nom d'Otero. Quelle minable escroquerie. J'ai horreur de ce désordre...

Heureusement, il a été possible de faire opposition à la saisie. Madame a chargé de ses intérêts Me B..., à qui elle confie ses bijoux. Chaque soir, Madame va chercher ses bijoux chez lui et, chaque matin, c'est moi qui rapporte les bijoux chez l'avoué.

Enfin, je respire... Le prince Pierre est revenu. Il a payé toutes les dettes et nous a installées dans un appartement meublé de la Villa Saïd.

Hélas, le séjour du prince a été court. Il est obligé de repartir pour la Russie. Je me demande si ce sont les devoirs de sa charge qui le rappellent là-bas ou bien si les folies qu'il a faites pour elle n'ont pas compromis ses revenus. Il est dommage qu'il s'en aille. Les ennuis vont-ils recommencer ? »

Peu après le retour du prince Pierre en Russie, Nina fut présentée au prince de Galles. Paris était l'un des lieux de résidence favoris du futur Edouard VII. Tous les soirs, on le voyait dans la loge de la ronde petite Hortense Schneider, dont le cancan était très applaudi, parler aux jeunes filles qui s'exerçaient au foyer de l'Opéra, offrir à boire à la Goulue, lorsqu'elle s'arrêtait, une jambe en l'air, dans sa démonstration du « chahut » pour s'écrier : « Bonjour, Galles ! Est-ce que tu me paies le champagne ? », tenir la main de Lily Langtry chez Maxim's, quand il n'invitait pas la belle

Otero au Grand Seize, le salon rouge et or du Café Anglais. Dans ses Mémoires, Otéro évoque ces rencontres : « Il arrivait souvent que l'on me fît demander de la part du prince de Galles d'aller danser après souper chez Voisin, chez Durand ou au Café Anglais. » Il dessinait volontiers les aiguilles d'une montre sur une serviette, afin de lui indiquer l'heure à laquelle il souhaitait la retrouver plus tard chez elle, puis il lui faisait porter la serviette par le maître d'hôtel. Nina s'esquivait et partait se préparer à recevoir le prince. Elle a laissé de lui ce portrait : « C'était un charmeur que le prince de Galles, avec un esprit léger, ironique, agréable. Il aimait les histoires drôles et je ne peux me retenir de sourire au souvenir de l'une de celles qu'il contait et où il était question d'écrevisse et de cabinet particulier. Je regrette de ne pouvoir la répéter ici...

Le prince, très amateur de danses, s'amusait beaucoup à celles de la Goulue et bien souvent nous allions en bande l'applaudir dans sa *danse du grand écart,* au Jardin de Paris. »

Le prince de Galles n'avait pas la réputation d'être d'une grande générosité à l'égard de ses maîtresses, qu'il ne couvrait ni d'or, ni de bijoux. Il leur adressait plus volontiers un couple de faisans qu'une parure de diamants. Otero s'en tira pourtant beaucoup mieux que d'autres, sur ce plan. Il lui offrit en effet un pavillon de chasse, au nord de Paris, à proximité de l'Oise, afin de pouvoir l'y rencontrer de façon discrète. Nina ne s'y rendait guère en dehors de ses rendez-vous avec le prince, car elle préférait le confort de son nouvel appartement du quartier des Champs-Elysées, offert par un autre Anglais, M. Thompson.

Otero et le prince n'eurent jamais une liaison sérieuse néanmoins, et leurs relations cessèrent quand il devint roi, en 1901. Caroline se rendit à Londres pour danser au cours d'une soirée de gala, à laquelle assistait toute la cour. Elle partageait l'affiche avec Melba, Patti et Lily Langtry. Plus tard, lors de la première visite officielle d'Edouard VII à Paris, en 1903, le roi lui fit envoyer un billet de faveur pour un spectacle de la Comédie-Française, donné en son honneur. Elle se trouva au quatrième rang de l'orchestre, entre un député et un académicien. La police française n'admit pas la présence de cette demi-mondaine auprès d'éminentes personnalités. On la pria donc de quitter la salle, ce qu'elle fit, sans protester. Le roi fut, semble-t-il, très amusé par l'incident.

En une autre occasion, toutefois, lorsqu'on lui demanda de quitter la même salle, sa sortie ne fut pas aussi discrète. La belle Otero eut en effet une violente altercation avec des Russes, qui exigeaient sa place, un soir où le tsar et sa suite, venus à l'improviste, souhaitaient voir une pièce. Pleine de fureur, Otero se dirigea à grandes enjambées vers la sortie, mais elle s'arrêta un instant sous la loge de Sa Majesté impériale et lança de sa voix de bronze andalouse : « Très bien, je m'en vais ! Mais à partir d'aujourd'hui je ne mangerai plus de caviar ! »

VII

Le prix de la fortune et de l'amitié

Parmi les artistes de music-hall qui se produisaient à l'époque où Nina y triomphait, deux femmes allaient devenir célèbres dans un tout autre domaine : Mata-Hari et Colette.

En compagnie d'assistants de couleur, Mata-Hari présentait un numéro de danse devant un autel, placé entre les colonnes d'un vaste vestibule blanc. Hollandaise, elle s'appelait en réalité Margaretta Gertruida Zeller, plus tard Macleod, et l'on qualifiait ses évolutions d'« ophidiennes ». Elle prétendait être hindoue et, comme elle avait le nez et la bouche épais, un éclat huileux dans l'œil, elle faisait dans certaine mesure illusion. Bien des années après sa mort, quand on interrogeait Caroline Otero à son sujet, elle manifestait toujours de la compassion en répondant simplement : « Laissez-la en paix. Elle a assez souffert. »

La carrière de Colette au music-hall fut courte. Elle fit la connaissance de Nina durant les six années où elle fut mime, après sa séparation d'avec Henry Gauthier-Villars (dit Willy). Colette a consacré deux ouvrages à cette période de sa vie, *Mes apprentissages* et *L'envers du music-hall.* Dans le premier, elle décrit ainsi ses recontres avec la belle Otero :

« Au hasard et à l'inconnu, j'ai demandé des compensations, qu'ils m'ont quelquefois versées un peu comme le cocotier ses noix, pan ! en plein sur le crâne. Mme Otero, debout au milieu d'une période de ma vie pendant laquelle j'interrogeais la possibilité de gagner ma subsistance, n'a rien d'un cocotier. Elle est pur ornement. Comme tout ce qui est luxe, elle dégage des enseignements divers. Et rien qu'à l'entendre, je me réjouissais que l'essai d'une de mes carrières l'eût mise sur mon chemin :

"Mon petit, disait-elle, tu m'a l'air pas très dégourdie... Souviens-toi qu'il y a toujours, dans la vie d'un homme même avare, un moment où il ouvre toute grande la main...

— Le moment de la passion ?

— Non. Celui où tu lui tords le poignet."

Elle ajoutait : "comme ça..." avec un geste en vis des deux mains ; on croyait voir couler le jus des fruits, l'or, le sang, que sais-je, entendre craquer les os... Me voyez-vous tordant le poignet de l'avare ? Je riais. J'admirais, ne sachant mieux faire. Magnifique créature. Je ne l'ai connue que lorsqu'elle atteignait l'âge où les femmes d'aujourd'hui estiment qu'elles doivent recourir, pour retenir et masquer leurs précieux quarante-cinq ans, à des moyens tristes, gymniques et restrictifs. Mme Otero ne songeait pas aux privations. Si je n'ai tiré aucun profit de ses rares paroles — elle était peu bavarde, du moins dans notre langue —, j'ai eu l'avantage de l'approcher dans les coulisses et loin des cérémonies publiques, soupers, répétitions générales des music-halls, qui lui infligeaient un corset de parade et lui collaient au poitrail son grand pectoral de joyaux. A l'icône immobile, émue seulement — comme l'est un arbre chargé de givre — de son propre scintillement, je préférais une autre Lina (Colette donne toujours ce diminutif à Caroline Otero), tout aussi condescendante, qui me tutoyait d'assez haut :

"Tu viens manger le puchero, chamedi ? Viens de bonne heure, je te fais un bégigue avant le dîner."

J'imitais son tutoiement distant et, dès le seuil de son hôtel, je me sentais contente. Rarement le palais, qu'il a imaginé d'avance, enchante l'enfant qui le visite. L'hôtel de Mme Otero ne m'a jamais déçue. Celle qui l'habitait est une sorte de cariatide, taillée dans le style d'une époque qui me vit vacillante. On ne pénètre pas dans l'intimité d'une cariatide, on la contemple. En Mme Otero, je contemple le site de ma trentaine environ. Le décor de sa vie privée, j'en garde un souvenir mieux que net, une évocation estompée, juste, essentielle, de certains beaux meubles anciens, amarrés parmis le flot d'un satin peut-être brodé de cigognes japonaises, sous l'écumante et probable dentelle dite "application"...

Il me suffisait, pour que tout à mes yeux fût parfait, que la maîtresse du logis y savourât l'avant-dîner, en bas de soie et mules fatiguées, en chemise de jour et jupon sous son tea-gown, qu'elle remplaçait à l'occasion par un peignoir de bain. Cent quatre-vingt-douze cartes et les "marques" en palissandre devant elle, un cendrier à sa droite, un verre d'anisette à sa gauche.

Le jeu et le mutisme retiraient à son visage toute expression, mais il s'en passait bien. Pendant de longues années, il a comme dédaigné de vieillir. Mme Otero, qui se vantait, vraisemblablement, d'un sang hellène, avait le cou bien attaché, le profil buté de mainte statue grecque, et montrait des mains, des pieds, dénués de la voltigeante petitesse espagnole. Entre les grappes de ses cheveux vigoureux, son petit front de brebis demeurait pur. Le nez et la bouche de "Lina", les photographies de Reutlinger vous le diront cent fois, étaient des modèles de construction simple, de sérénité orientale. Des paupières bombées au menton gourmand, du bout du nez velouté à la joue célèbre et doucement remplie, j'oserai écrire que le visage de Mme Otero était un chef-d'œuvre de convexité. »

Le grain de la peau de Nina faisait d'ailleurs l'objet de bien des spéculations. Elle évoque elle-même un soir où elle soupait avec quelques amis et où l'un d'eux, Jacques Riberner, lui conseilla :

— Tu devrais prendre garde de ne pas te déchaîner comme tu le fais quand tu danses, Caroline, ou bien ton émail va craquer.

— Mon émail ? Quel émail ? Tu es fou ? protesta-t-elle.

— Montre-moi un peu. Je vais voir s'il tient bien, reprit-il, en faisant mine de gratter sa peau du bout de l'ongle.

Elle le regarda en se demandant quelle était cette plaisanterie. Il opérait pourtant avec le plus grand sérieux.

— Cela tient très bien, constata-t-il... C'est un émail de très bonne qualité... Peux-tu m'indiquer l'adresse où tu te le procures ? Certaines de mes belles amies me l'ont demandée.

— Mon cher, dit-elle, tu te crois peut-être très drôle, mais je ne te suis pas du tout.

Riberner lui expliqua alors qu'on la disait émaillée par un procédé aussi merveilleux que mystérieux sur le visage, les bras et les épaules. Des spectateurs se demandaient comment sa peau respirait et si ce produit n'était pas malsain. D'autres s'interrogeaient sur la façon dont finissait l'émaillage et se disaient que cela devait faire un drôle d'effet, aux endroits où il s'arrêtait. On la prenait donc pour une sorte de poupée de porcelaine et de chiffon.

Colette poursuit l'évocation des souvenirs qu'elle a conservés de Nina par la description de leurs parties de bésigue :

« "Achieds-toi, me disait-elle. Coupe. Maria, donne-loui un verre d'anigette."

Sa dame de compagnie, Maria de Mendoça, Espagnole pauvre et de bonne maison qui ressemblait à un alezan anglais tout en os, obéissait avec une hâte un peu épouvantée, et le bésigue, ennemi de la conversation, commençait. Sous leurs paupières à peine meurtries, les regards de Lina surveillaient mes mains...

"Deux chent chinquante... Deux chent cinquante... A dire... A dire... Je les dis. Quinge chents..."

Elle savait parfaitement prononcer les s. Mais elle réservait à la scène et aux relations de choix ce petit effort d'articulation.

Le jeu s'échauffait, elle laissait avec indifférence le peignoir de bain s'ouvrir, la chemise de jour glisser. Jusqu'au vallon d'ombre creusé entre deux seins d'une forme singulière, qui rappelaient le citron allongé, fermes et relevés du bout, descendait une parure agrafée comme au hasard, vraie aujourd'hui, fausse demain, sept rangs de perles radieux et rosés ou une verroterie de théâtre, ou un lourd diamant. »

Les seins splendides de Caroline étaient devenus si célèbres que l'architecte du Carlton, à Cannes, s'inspira de leur forme pour couronner son édifice de deux coupoles jumelles. De nos jours encore, la tradition locale les surnomme « les boîtes à lait de la belle Otero ».

Comme beaucoup de courtisanes bien en chair, Caroline Otero avait bel appétit, ainsi qu'en témoigne encore Colette :

« La faim impérieuse et l'odeur du *puchero* arrachaient seules Lina au bésigue. Debout, grande et cambrée, la taille encore mince au-dessus d'une croupe qui était son orgueil, elle bâillait haut, tapait du poing son estomac exigeant et descendait, entraînant les ombres de son festin, en chantant d'une voix métallique et juste :

"Tengo dos lunares,
Tengo dos lunares,
Una junta la bocca,
El oltro donde tu sabe..."

Point d'hommes à table, ni de rivale. L'amant en titre pansait quelque part son poignet tordu. Une ou deux amies vieillissantes, et moi qui n'étais pas vieille, mais terne, nous prenions place aux côtés de Lina.

La vraie fête de la gueule, ce n'est jamais le dîner à hors-d'œuvre, entrées et rotis. Là-dessus nous étions bien d'accord, Mme Otero et moi. Un *puchero,* son bœuf, son jambonneau et son lard gras, sa poule bouillie, ses *longanizas,* ses *chorizos,* tous les légumes du pot-au-feu, une colline de *garbanzos* et d'épis de maïs, voilà un plat pour ceux qui aiment manger... J'ai toujours aimé manger, mais qu'était mon appétit, au prix de celui de Lina ? Sa majesté fondait, remplacée par une expression de volupté douce et d'innocence. L'éclat des dents, des yeux, de la bouche lustrée était d'une jeune fille. Rares sont les beautés qui peuvent bâfrer sans déchoir ! Quand Lina repoussait enfin son assiette, c'est qu'elle l'avait vidée quatre, cinq fois. Un peu de sorbet à la fraise, une tasse de café et elle sautait debout, serrant à ses pouces la paire de castagnettes.

"Au piano, Maria ! Vous autres, foutez-moi cette table dans le coin !".

Dix heures sonnaient à peine. Jusqu'à deux heures du matin, Caroline Otero dansait et chantait pour son plaisir, peu soucieuse du nôtre. De belle quadragénaire, elle passait jouvencelle. Le peignoir jeté, elle dansait en jupon de "broché", à grand volant de cinq mètres de tour, le seul vêtement indispensable à la danse espagnole, et la sueur collait à ses reins sa chemise en linon. Elle répandait, moite, une odeur délicate, brune, a dominante de santal, une odeur plus fine qu'elle-même. Sa joie rude et égoïste était sans bassesse, vouée à une passion réelle de rythme et de musique. Elle empoignait sa serviette de table tachée de sauce, torchonnait à tour de bras son visage, son cou, ses aisselles mouillées, redansait, rechantait ; "Chelle-là, tou la connais ?" Elle ballait sans grande légèreté, mais le visage renversé, les tordions de la taille virant sur les larges reins, le sillon mouvant et sauvage du dos nu affrontaient sans dommage toutes les lumières... Ce corps qui a défié la maladie, les mauvaises rencontres, le temps, corps bien nourri, muscles couverts, chair lustrée, d'ambre le jour, blanche le soir, ce corps et son arrogant déclin, je m'étais promis de le peindre avec soin et détachement. »

Son corps n'était donc pas encore déformé et nombreux étaient les hommes désireux d'en faire leur maîtresse attitrée.

Un jour où elle déjeunait au Palais de Glace, Jacques Riberner lui présenta un Anglais. C'était un homme flegmatique, aux cheveux roux, originaire du Nord de son pays, qui s'appelait Thompson. Sa brusquerie déplut tout d'abord à Nina, mais, quand Riberner eut glissé à son amie que l'Anglais disposait d'une immense fortune, elle accepta son invitation à déjeuner, le lendemain, chez Durand. Le même soir, Riberner alla trouver Caroline dans sa loge des Folies-Bergère et lui dit qu'elle avait fait une impression considérable sur ce

Thompson. Si elle jouait bien ses cartes, il lui offrirait la lune.

Le jour suivant, elle accepta un second rendez-vous et le déjeuner les satisfit tous les deux. Quand elle se leva pour se retirer, il lui demanda pour quelles raisons elle voulait les quitter aussi vite. Selon Caroline, leur conversation se déroula ainsi :

— J'ai un rendez-vous urgent, s'excusa-t-elle.

— Non, restez avec moi. Votre rendez-vous ne peut être aussi important que moi.

— Il est très urgent, pour moi. On doit m'avancer quarante mille francs pour payer une note de couturier.

Il parut obnubilé par une seule pensée : la garder.

— Si vous avez besoin de quarante mille francs, je vous les donnerai, mais à une condition : vous n'irez pas à ce rendez-vous et vous partirez avec moi, ce soir, pour Londres.

— A Londres ! Ce soir ! Impossible, dit-elle en riant. Vous savez bien que je joue tous les soirs aux Folies-Bergère. Si je m'absente, il me faudra payer un dédit et celui-ci peut être très élevé.

— Je paierai le dédit, proposa-t-il, sans hésiter.

— Parfait. Mais cela vous coûtera cinquante mille autres francs.

Il accueillit la nouvelle sans sourciller.

— Dans ce cas, si vous voulez bien m'excuser, je vais aller téléphoner que je ne pourrai répéter aujourd'hui.

— C'est cela. Téléphonez.

Elle se leva de table et laissa Thompson l'attendre en fumant un cigare. Elle appela d'abord son couturier :

— Vous savez que je ne vous dois rien, mais il faut que vous me fassiez tout de suite une facture de quarante mille francs. Je vais venir la régler tout à l'heure. Vous m'avez bien comprise ?

Une fois réglée la question du couturier, elle appela Marchand, le directeur des Folies. Avec un peu de chance, son voyage lui rapporterait quatre-vingt-dix mille francs, mais cela supposait qu'elle mît Marchand dans la confidence.

— Faites passer une note pour annoncer que je suis malade, lui demanda-t-elle. Je ne jouerai pas pendant huit jours. Je viens payer cinquante mille francs de dédit. Bien entendu, le dédit c'est pour moi.

Nina retourna à la table et prévint Thompson que tout était arrangé : elle pouvait l'accompagner à Londres. Ils se rendirent chez le couturier, où Thompson signa un chèque de quarante mille francs ; pendant ce temps, le premier glissait à Nina un billet confirmant que l'argent lui appartenait. Ils se rendirent ensuite au théâtre, où Thompson régla à Marchand les cinquante mille francs de dédit en espèces ; le directeur s'arrangea pour les rendre à Nina, à la sortie.

Au cours de la semaine passée à Londres, Caroline apprit beaucoup de choses sur cet amant impétueux et direct. Il avait débuté comme garçon de courses, puis il était devenu boxeur, avant d'essayer un peu tous les métiers, commissionnaire, caissier et reporter. Il s'était donné pour but de devenir millionnaire et il y était parvenu. A présent, il était résolu à profiter de sa fortune et il fit comprendre à Nina qu'il estimait que tout était à vendre... excepté l'amour. S'il savait ne pouvoir acheter un amour véritable, ajoutait-il, en ce qui le concernait, aussi longtemps qu'il la payait, elle était à lui. Il ne devait pas être question de rival. Nina comprit qu'elle pourrait tirer parti de cet excessif désir de possession. Elle lui annonça qu'elle devait regagner Paris et les Folies-Bergère, car elle dépendait de ce music-hall pour sa subsistance et pour assurer son avenir professionnel. En bref, elle posait sa carrière en rivale de l'affection de l'Anglais. Celui-ci ne put le tolérer et exigea qu'elle abandonne la scène. Il lui loua un appartement et lui versa une rente considérable en compensation du sacrifice qu'elle lui faisait. Betty fut très satisfaite de ces disposition, ainsi que le révèle son journal :

« Je l'avais bien dit qu'elle aurait un hôtel aux Champs-Elysées. La voilà au 27 de la rue Pierre-Charron. Ah, les belles choses qu'il y a rassemblées là-dedans. Vraiment, cet Anglais est très chic. Non qu'il ait une élégance naturelle, mais il en a beaucoup dans sa façon d'agir.

Ce n'est pourtant pas que Madame se montre très aimable envers lui. Elle se comporte avec une indifférence... Peut-être aime-t-il cela. Il faut rendre une justice à Madame : elle est fine et adroite, montre un instinct rare et s'adapte à toutes les situations avec une sûreté remarquable. Pour le moment, elle est transformée en maîtresse de maison d'un immense hôtel. Elle me disait toujours avoir beaucoup aimé la bohème, autrefois ; elle se révèle incomparable, aujourd'hui, lorsqu'il faut passer en revue dix-huit domestiques, rectifier un détail de la tenue de celui-ci, faire une observation à celui-là. Comme les critiques sont justes, personne ne se vexe. Quant à Thompson, il est ravi et la contemple avec une satisfaction béate. Son flegme m'énerve, d'ailleurs. Il y a des jours où il faut vraiment de la volonté à Madame pour ne pas envoyer cet Anglais aux cinq cent mille diables.

L'autre jour, après le déjeuner, pendant lequel Thompson ne s'est pas un instant départi de son sérieux, Madame a éprouvé le besoin de passer quelques heures loin de lui.

— Je sors. Je vous reverrais à cinq heures, lui a-t-elle dit.

— Où allez-vous ?

— Au Bois.

— Je vais avec vous.

— Non, je vais conduire moi-même et il n'y a pas de place pour vous.

— Je prendrai donc la victoria et je vous accompagnerai.

— C'est impossible ; après cela, je rentre et j'aurai besoin de la victoria.

— Alors je prendrai le coupé.

— Où irez-vous ?

— J'irai où vous irez, ma chère enfant, je vous suivrai.

Elle partit et parvint à semer Thompson. Une fois au Bois, elle s'arrêta devant le Pavillon chinois. Un jeune homme, qui l'observait, s'approcha d'elle, lui dit s'appeler Jacques Payen et la félicita sur son talent. Il l'avait vue aux Folies-Bergère et n'en croyait pas ses yeux : il rencontrait, grâce à une rare fortune, la femme qu'il admirait tant. Nina, de son côté, fut sensible au charme et à l'enthousiasme de ce jeune homme.

La conversation avec Jacques Payen troubla Nina. Son ardeur et sa vitalité lui rappelaient l'amour que lui avaient prodigué les jeunes Paco et Manuelo, un sentiment qu'elle n'avait plus éprouvé depuis des années. Elle se rendit cependant compte que si Thompson apprenait jamais cet échange de paroles il lui ferait une scène de jalousie, or elle ne souhaitait pas risquer l'existence qu'elle menait alors pour un accès de romantisme. Elle prit très vite congé et regagna les Champs-Elysées avec sa voiture. Payen, cependant, ne se décourageait pas facilement. Il suivit Caroline jusque chez elle, lui écrivit une lettre où il lui parlait de son amour éternel, y joignait dix mille francs et la suppliait de le revoir. Nina retourna lettre et argent, lui demandant de l'oublier. Il persista. Quand Thompson fit un voyage d'affaires à Londres, à quelque temps de là, Nina accepta de dîner avec le jeune Payen. Elle eut l'intelligence d'emmener Maria et Jacques Riberner. A la fin de la soirée, Payen l'adjura de rester en tête-à-tête avec lui, mais elle refusa. Le lendemain du retour de Thompson, Betty remit à sa maîtresse une lettre du jeune homme. Il menaçait de se tuer.

« *Ma chère Nina,*

Adieu et pardonnez-moi. J'ai tenté un dernier effort pour gagner votre amour ; je n'y ai pas réussi. Je m'en vais, à présent, dans un autre monde... un monde où je souffrirai moins. Je vous ai aimée et je vous aime encore plus que tout ; je vous souhaite toutes les joies possibles et puisse ma mort vous porter bonheur.

Je voulais d'abord me tuer sous vos yeux. Mais non, je ne veux pas vous causer la moindre souffrance. Je pars donc au Bois, où j'ai eu le bonheur de vous voir pour la première fois.

Adieu ! Ma dernière pensée sera pour vous. Adieu, Nina, adieu. Je vous attendrai de l'autre côté, là où il n'y a plus d'amis ni d'ennemis.

Un cœur qui vous adore,

J. Payen

P.S. Je laisse au cocher des instructions pour lui indiquer ce qu'il faut faire de mon corps. Pardonnez-moi. Je ne pouvais plus vivre ainsi. »

L'idée que ce jeune homme pût mettre son projet à exécution terrifia la danseuse. Comme elle ne pouvait se confier à Thompson, elle se tourna vers Jacques Riberner.

— Ma pauvre Ninette, lui dit-il, tu as le cœur trop sensible. Ne t'inquiète pas, il n'y a aucun danger. Quand on a vraiment l'intention de se suicider, on n'en avise pas tout le monde.

— On dit toujours cela, répondit-elle, très énervée, mais si cette fois c'était vrai et qu'il se tue ?

— Ecoute, ne t'a-t-il pas déjà écrit une lettre du même genre et n'est-il pas parvenu à te faire accepter de dîner avec lui, le jour où Thompson était à Londres et où nous t'avons accompagnée, Maria et moi ?

— Oui, mais il me demandait un tête-à-tête.

— Très bien, alors écris-lui que tu le verras ce soir, si cela peut soulager ta conscience.

— C'est impossible, ce soir je soupe avec Thompson. D'ailleurs, je ne veux pas le voir, ce garçon. Il est trop morbide, trop exalté.

— Eh bien, qu'il aille se faire pendre ailleurs. C'est du chantage, une lettre pareille.

Après cette conversation, Nina se sentit mieux, et comme on était dimanche, elle accompagna Thompson à Longchamp. Elle ne pensa plus au jeune Payen. Après les courses, Thompson et elle retrouvèrent des amis au Fouquet's. Elle n'avait accordé aucune pensée au jeune homme, durant l'après-midi, quand soudain, elle entendit les cris des vendeurs de journaux, qui remontaient les Champs-Elysées : « Suicide pour la belle Otero ! Suicide pour la belle Otero ! »

Caroline se figea. De quoi s'agissait-il ? Les vendeurs entrèrent dans le café : « Suicide pour la belle Otero ! Un homme se tue pour une courtisane ! »

— Achète-moi un journal, vite, demanda-t-elle à Riberner.

Elle lui arracha le journal des mains et lut les titres : Payen s'était tué d'un coup de revolver devant le Pavillon chinois, à l'endroit même où il l'avait aperçue la première fois. Aussitôt, elle pria Thompson de la ramener chez elle et laissa Riberner au Fouquet's prêter l'oreille aux commentaires faits sur l'événement. Elle les nota, quand il les lui rapporta :

« Voyez donc où nous mènent les mœurs nouvelles. C'est une époque de décadence que celle où nous vivons ! Il n'y en a que pour les comédiennes, lcs danseuses, les étoiles de music-hall. On n'ouvre plus un journal sans lire la description de leurs toilettes, de leurs bijoux, des fêtes qu'elles donnent. Les meilleurs journalistes leur servent de biographes. Elles ont quitté celui-ci, elles sont avec celui-là. Leurs fournisseurs leur font des procès ; elles ont gagné, elles ont perdu au jeu ; elles ont touché un cheval à cent contre un ; elles se sont promenées au Bois, tel jour ; elles ont perdu un collier de perles, un autre jour ; elles l'ont retrouvé le lendemain. Décadence, décadence... »

« C'est là un cri d'indignation que l'on entend répéter tous les dix ans. Nous estimons que notre génération est décadente, mais c'est parce que nous connaissons très mal la précédente. »

« Vous ne nous direz pas que les faits et gestes de ces dames ont de l'importance. Il y a tout de même d'autres femmes plus intéressantes. »

« Il y a deux genres de femmes, celles dont on parle et celles dont on ne parle pas. Vous ne voudriez pas qu'un journaliste vous raconte comment Madame X élève ses enfants ou comment Madame Y trompe son mari. Que resterait-il de la vie privée ? »

« Au fond, il n'y a que les courtisanes qui éclairent un peu la monotonie de notre existence par leurs fantaisies ! »

De retour à l'appartement, Thompson laissa exploser sa colère :

— Au nom du ciel, que s'est-il donc passé entre vous pour qu'il mette fin à ses jours ?

— Je ne lui ai pas donné le moindre engagement, protesta-t-elle. Il m'avait vue aux Folies-Bergère et nous nous sommes rencontrés un jour, par hasard, devant le Pavillon chinois. Il m'a suivie jusqu'ici et c'est ainsi qu'il a découvert mon adresse. Il m'a fait porter une enveloppe contenant dix mille francs, mais je la lui ai fait renvoyer.

— Vous voulez me faire croire une chose pareille ?

— Oui, car je les ai refusés.

— Pour en avoir davantage ?

— Mais non. Tout ce que je pourrais désirer, vous me l'accordez. Voudriez-vous que je mette tout en péril pour dix mille modestes francs ? Vous me sous-estimez, mon ami.

— Vous n'aviez pas le droit d'encourager cet homme, si vous ne vouliez rien lui accorder.

— Auriez-vous préféré que j'accepte ?

— Oh ! c'est votre métier que d'attirer, de provoquer les hommes, dit-il, en colère. C'est ce que l'on a toujours attendu de vous.

— Comment aurais-je pu savoir que cet être naïf croirait pouvoir tout obtenir de moi parce que je lui avais adressé un sourire ?

— Vous n'auriez pas dû vous laisser entraîner dans une telle affaire.

— Soyez raisonnable, répondit-elle. Est-il juste, selon vous, de dire à une femme : « Si tu refuses de faire tout ce que je te demande, je me tuerai » ? Comment puis-je empêcher un jeune homme de perdre la tête parce qu'il attache trop d'importance aux apparences extérieures ?

— Alors, on aurait dû étouffer l'affaire. Le public va faire ses délices d'un tel scandale. Il est honteux de penser que la célébrité d'une danseuse espagnole va se trouver rehaussée par la mort de ce malheureux. Un suicide n'a pas plus de sens pour vous que d'ajouter une perle à l'un de vos colliers ou une fleur rouge dans vos cheveux.

— Je n'étais pas du tout attirée par ce pauvre garçon, il *faut* me croire sur ce point. J'étais lasse de son insistance. Si j'avais accepté de dîner un soir en sa compagnie, c'est que j'étais tout de même touchée par sa persévérance et par son ardeur. De plus, nous n'étions pas seuls. Vous me reprochez ma « coquetterie », mais vous pourriez me faire la grâce de supposer que la tragédie représentée par le suicide d'un jeune homme de vingt-trois ans qui n'a pas supporté d'être repoussé ne m'a pas laissée indifférente. Par ce geste de désespoir, Jacques Payen est entré dans mon existence contre mon gré. J'avais tout tenté pour le décourager. Sa mort me peine beaucoup.

Elle sortit de la pièce en larmes.

Thompson se rendit compte qu'il s'était montré injuste dans ses accusations, mais il était rancunier. Il décida qu'il ne pouvait plus faire confiance à Nina, une opinion qu'allait justifier la suite des événements.

Durant toute cette période, les reporters se pressèrent chez la danseuse pour obtenir ses confidences au sujet du drame, qu'ils commentaient en long et en large, mais elle refusa de les recevoir.

Betty, à cette époque, veillait de manière étroite sur sa maîtresse. Elle mentionne dans son journal un incident (dans lequel elle ne joue pas un rôle reluisant) qui révèle jusqu'à quels extrêmes allait la méfiance de Thompson :

« Quelle histoire et quelles complications pour peu de chose ! Hier, Madame m'avait chargée d'aller régler une facture à la maison Ildebourg. Je n'en ai réglé qu'une partie et l'on ne saurait imaginer les conséquences extraordinaires qu'a eues mon acte. Je m'étais dit que le solde serait reporté sur une prochaine facture et que Madame ne s'en apercevrait même pas. Eh bien, ces imbéciles de chez Ildebourg ont trouvé le moyen de venir chercher cette somme ici. Encore s'ils l'avaient réclamée par écrit, comme cela se fait d'habitude, mais non, leur vendeur est venu exiger le paiement sur un ton insolent. Persuadée d'avoir payé, forte de son droit, Madame a protesté de façon vigoureuse et lui a déclaré que rien ne la ferait régler une note deux fois. En conséquence, au moment où elle arrivait aux courses, aujourd'hui, ces gens se sont présentés à elle et lui ont réclamé le paiement sur-le-champ. Madame leur a répondu, non sans raison, qu'elle avait un domicile. Et ne voilà-t-il pas que ces idiots la suivent jusqu'à la rue Pierre-Charron et qu'Ildebourg ne trouve rien de mieux à faire que d'injurier sa cliente et de la traiter de "saltimbanque" ou de pire encore...

Madame aurait perdu sa réputation si elle ne lui avait répondu sur le même ton. Ah ! l'on peut affirmer qu'elle est vraiment une "Espagnole de race", selon son expression favorite. Mieux vaut ne pas se mettre en travers du chemin de Madame.

Thompson, qui était là, a essayé de la calmer, mais Mme Ildebourg criait : "Au meurtre !" Ah ! c'était une scène inoubliable.

"Demandez pardon à Madame !" hurlait Thompson, avec son atroce accent anglais.

Bien entendu, il y a eu dépôt de plainte pour voies de fait. Pourtant, qu'est-ce qu'une poursuite de plus, pour nous ? Tous les journaux rapportent l'affaire. Vraiment, tant pour Madame que pour la maison de couture, cela vaut cent mille francs de publicité. Elles devraient me remercier.

[*Plus tard*] Les dîners succèdent aux réceptions. Nous vivons dans une atmosphère de fête continuelle. Les journalistes vantent les soirées de Madame, qu'ils commentent avec un luxe de détails. On ne croirait jamais que ce sont les mêmes qui l'ont prise à partie avec tant de violence, au moment du suicide du petit Payen.

Madame ne se contente pas d'une troupe d'admirateurs, elle traîne aussi à sa suite une foule de parasites, qui sont d'authentique noblesse, mais pauvres et *déclassés*. Elle aime cette petite cour ; il faut avouer qu'ils sont souvent charmants, ces nobles chevaliers servants à la bourse plate.

Quel dommage que nous devions quitter Paris pour retourner à Berlin ! Madame a un nouvel engagement au Wintergarten, où on la réclame, et nous allons partir. Thompson nous accompagnera. Nous descendrons à l'hôtel Kaiserhof.

Pleurs et grincements de dents... Thompson a été rappelé à Londres. Il était bien évident que Madame ne passerait pas son temps sans rien faire en attendant son retour. Elle a préféré employer son absence de façon plus gaie, en compagnie d'un jeune et charmant attaché d'ambassade, Gaston Botrez. L'autre soir, elle est allée souper chez Hiller avec lui. Le lendemain, un télégramme de Thompson lui disait : "Vous avez soupé, hier soir, avec attaché d'ambassade. Si vous recommencez, je vous quitte. "

Troublée, Madame a envoyé un télégramme dans lequel elle niait et protestait de son innocence. Le soir même, elle soupait de nouveau avec Botrez, non sans avoir pris toutes les précautions possibles et imaginables, le retrouvant dans un cabinet particulier afin de n'être pas reconnue. Le lendemain, second télégramme : « Ai dit que je vous quitterais si vous recommenciez. Vous avez recommencé. »

Nouvelles protestations, nouveau souper et, le lendemain, troisième télégramme : "Si vous ne renoncez pas à cet homme, je fais tout vendre à Paris."

Madame manqua s'évanouir, et comprit que Thompson était au courant du moindre de ses faits et gestes. Comme elle exprimait sa surprise, le garçon d'hôtel est intervenu :

— Madame s'étonnerait moins si elle savait qu'un détective demeure attaché à ses pas toute la journée. Que Madame veuille bien regarder par la fenêtre... Là-bas, sur le trottoir d'en face, en train d'observer la maison. Vous le voyez, maintenant, Madame ? Il reste là à vous attendre. Il interroge tout le monde dans cet hôtel et il a un argument magique pour délier les langues.

Nina se rendit compte qu'il lui faudrait affronter Thompson. Elle lui expédia donc à Londres la lettre suivante :

« *Je suis bien tourmentée, mon ami, car je viens de passer des jours malheureux. Vous m'accusez de tant de crimes, alors que je n'en ai commis qu'un seul, celui de vous trop aimer. Vous êtes allé à Londres sous le prétexte d'y régler des "affaires urgentes " et vous m'avez laissée seule à Berlin, en sachant fort bien que je déteste la solitude. Au Wintergarten, j'ai rencontré, l'autre soir, un acteur qui arrivait de Londres. Il m'a demandé depuis combien de temps nous étions séparés, vous et moi. Il ne m'a pas été difficile de deviner pourquoi il me posait une telle question. Il vous avait rencontré au théâtre — faux, faux ami que vous êtes — avec une femme dont il ne connaît pas le nom.*

C'est en toute bonne foi que ce garçon en avait conclu que nous n'avions plus rien en commun. On me sait très jalouse, exclusive, peu disposée à partager mes amis. Je ne lui ai rien dit pour l'éclairer, mais mon chagrin n'en a pas moins été intense.

Un jeune homme m'avait invitée à souper. J'ai accepté et, là-dessus, vous m'envoyez des télégrammes indignés. Mon ami, les rôles sont inversés : c'est moi qui suis l'offensée et vous qui me menacez. »

A peine la lettre fut-elle postée que Nina se hâta de rentrer rue Pierre-Charron, à Paris. Elle fit déménager tout ce qui avait de la valeur et pouvait être enlevé, puis repartit en hâte. Quand elle revint à Paris, elle y trouva Thompson, calmé, qui l'attendait ; il était stupéfait de voir l'appartement vidé de ses meubles. Il demanda à Nina de les faire rapporter, mais la danseuse refusa. Il avait déjà été pris d'une crise, il pouvait en avoir d'autres. Elle ne voulait pas connaître d'autres surprises désagréables. S'il voulait voir revenir le mobilier, il n'avait qu'à signer un papier par lequel il reconnaîtrait le lui avoir donné. Après de violentes discussions, il se laissa convaincre et la liaison reprit son cours.

A quelque temps de là, Thompson repartit pour Londres. Nina trouva curieux qu'il ne lui donnât pas signe de vie, puis elle s'en inquiéta, car il ne lui avait pas remis d'argent ce mois-là. Elle sentit aussi que les domestiques n'étaient plus aussi respectueux. Quand le propriétaire vint lui réclamer le loyer, elle lui demanda de patienter jusqu'au retour de Thompson et de s'adresser à lui. Elle lut une expression dubitative sur le visage de l'homme, qui lui fit comprendre la gravité de la situation. Peu après, Julie, l'une des femmes de chambre, lui apprit ce qu'il se passait :

— Nous savons tous que Monsieur ne reviendra pas et personne ne veut le dire à Madame. Mlle Lucie a trouvé des lettres dans le secrétaire de Madame et les a remises à Monsieur, peu avant son départ. Monsieur l'a payée pour cela. Quand il les a eu lues, il a déclaré : « Je sais tout ce que je voulais savoir. Vous n'en avertirez pas Madame, mais je m'en vais et ne reviendrai pas. »

Caroline avait perdu son appartement et Thompson, mais elle n'y attacha pas d'importance. Ce qui la toucha davantage, ce fut d'avoir été trahie par une fille qu'elle s'était efforcée d'aider, car Lucie était une jeune femme malheureuse, dont elle avait eu pitié au point de la recueillir.

La danseuse comprit qu'il lui fallait remonter sur la scène et peu après son abandon par Thompson elle accepta un engagement à Londres. Elle y fut présentée au duc de Westminster, surnommé Bend Or (« Plie ou... »), en souvenir d'un cheval qui avait appartenu à son grand-père et qui avait gagné le Derby en 1879, année de sa naissance. L'un des hommes les plus riches d'Angleterre, il se mariera à plusieurs reprises, mais quand la belle Otero fit sa connaissance il vivait encore avec sa première femme, Constance Cornwallis-West. Il l'avait épousée en 1901, à l'instigation du prince de Galles, car il avait été aperçu dans un jardin en tête-à-tête avec la jeune personne. Le prince lui avait dit que la seule issue honorable était le mariage. Quand le duc disparut, en 1953, Chips Cannon commenta ainsi l'événement : « Voilà que meurt enfin Bend Or, le duc de Westminster ; d'une libéralité princière et d'une grande courtoisie, évoquant à la fois Henri VIII et Laurent le Magnifique, il a vécu pour le plaisir — et les femmes — durant soixante-quatorze ans. Sa fortune était incalculable ; son charme irrésistible, mais il était toujours agité, gâté, irritable, même s'il provoquait volontiers l'admiration, par ses manières très anglaises. Il était blond, beau, prodigue. Sa vie, faite de vanités, n'a pourtant été qu'un échec ; il a rendu peu de services et ne laisse aucun monument. »

Pour la belle Otero, cependant, il se montra toujours aimable, généreux et charmant. Elle le tenait pour un parfait gentleman. Quand elle eut rempli ses engagements à Londres, il l'accompagna à Paris et remonta son appartement de la rue Pierre-Charron. Cette liaison valut à Caroline bien des commentaires de la part de ceux qui la connaissaient, ainsi qu'elle le souligne : « Toutes les petites amies m'envièrent la conquête de ce lord authentique, d'une richesse fabuleuse et dont la générosité était légendaire. »

Le duc était l'un des amis intimes de Guillaume II. Caroline l'accompagna donc lorsqu'il fit une croisière sur le yacht impérial. Elle suivit ensuite le duc à Berlin et, quand il regagna Londres, elle demeura en Prusse pour approfondir ses relations avec l'empereur d'Allemagne.

Si Guillaume II se montra attentif, courtois et généreux à son égard, elle le trouva dur, autoritaire, superficiel et peu sympathique. C'est à cette époque qu'il fit peindre le fameux portrait d'elle, pour lequel il paya une somme considérable, de l'ordre de mille livres sterling. En commentant plus tard cette liaison, elle estimait que sa propre indépendance de caractère avait été à l'origine de leurs heurts : « Je n'ai jamais, je l'avoue, possédé l'art de la flatterie et, avec l'empereur d'Allemagne, c'était un instrument dont il fallait savoir jouer en virtuose. Moi qui n'ai jamais pu déguiser mes pensées, j'entendais lui parler avec autant de franchise qu'avec le reste du monde, mais à plusieurs reprises je remarquai qu'il en avait été froissé. » Ce qui irritait surtout Guillaume II, semble-t-il, c'était la manière dont Caroline vantait avec insistance Paris et les Français. Pour elle, Paris demeurait la plus belle ville du monde.

— Je me demande ce qui peut bien vous faire préférer Paris à Berlin, lui disait l'empereur.

— A Paris, Votre Majesté, on ne m'insulterait jamais dans les rues. Personne ne me suivrait en criant : « Au cirque ! Au cirque ! » parce que j'aurais mis une toilette fort jolie, même si elle n'a pas l'heur de plaire à vos dignes sujets. Il ne m'est jamais arrivé une chose semblable à Paris.

L'empereur ne trouvait rien à répondre à cela. Durant le séjour de Nina à Berlin, il lui demanda d'être son interprète et de créer avec Paul Franck une pantomime dont il était l'auteur, « Le Modèle ». L'argument était le suivant : un sculpteur cherche un modèle idéal pour réaliser la statue de ses rêves. Une bohémienne vient lui demander l'aumône ; il commence par la renvoyer. Elle insiste et il s'aperçoit que sous ses haillons elle est d'une beauté remarquable, qu'il ne trouvera jamais un modèle se rapprochant mieux de son rêve. Nina remporta un grand succès pour son interprétation de la bohémienne, ce dont l'empereur fut enchanté.

Caroline avait donc retrouvé la sécurité, un moment ébranlée par l'abandon de Thompson. Elle était remontée sur la scène, avait su gagner la faveur de deux hommes très puissants, le duc de Westminster et l'empereur d'Allemagne, et elle ne connaissait plus de difficultés financières. Des problèmes allaient surgir dans son entourage, cependant, car la rivalité entre Betty et Maria de Mendoça allait éclater au grand jour. Betty n'avait jamais admis l'intrusion de Maria dans leur vie, ni le rôle de compagne et de confidente qu'elle tenait auprès de Nina. Elle détestait aussi l'habitude qu'avait prise Nina de présenter Maria comme sa sœur, lorsqu'on l'interrogeait sur les liens qui les unissaient. Maria, pour sa part, se rendait compte que Betty la détestait et savait que cette femme ne reculerait devant rien pour se débarrasser d'elle. Comme Maria s'était approprié de l'argent et des bijoux appartenant à Nina, elle savait que Betty découvrirait tôt ou tard ces vols et la dénoncerait. Elle décida donc d'attaquer Betty la première.

Un jour où Nina était au Palais de Glace, elle fut rejointe par Maria, qui lui demanda de rentrer aussitôt, car la police se trouvait chez elle et voulait arrêter Betty. Pendant le trajet, Maria raconta avec empressement comment on en était arrivé là :

— Ce matin, après ton départ, je suis allée demander à Betty si elle n'avait pas vu la broche d'émeraudes que tu m'avais prêtée. Je l'avais laissée dans ta chambre, hier soir, et je voulais m'assurer que tu l'avais bien trouvée à ton retour. Elle a juré ne pas l'avoir vue, puis elle a prétendu que j'insinuais qu'elle l'avait volée.

— Je n'en suis pas étonnée, remarqua Nina.

— Autre chose, poursuivit Maria. Henri, le coiffeur, m'a confié hier qu'il était très ennuyé pour une histoire de peignes ornés de bijoux qu'il t'avait apportés pour te permettre de faire un choix. Or, on ne les retrouve pas. Je suis persuadée que c'est Betty qui les a volés.

Je suis donc allée déposer une plainte pour la broche et pour les peignes.

— Tu as appelé la police sans me consulter ! s'exclama Nina. Mais tu n'avais pas le droit de faire une chose pareille !

— Pourquoi pas ? Tu préférais être volée ? Tu devrais me remercier au contraire.

— Je n'aime pas que l'on me rende des services malgré moi. Cela finit toujours par coûter trop cher.

Quand elles furent chez Nina, elles trouvèrent Betty aux prises avec deux agents. Henri, le coiffeur, prévenu par Maria pour qu'il pût porter plainte, était présent, lui aussi. Betty, l'air insolent, paraissait agitée, lorsque les deux femmes firent leur entrée, mais en voyant Nina elle se jeta à ses genoux et lui demanda pardon.

— C'est une voleuse, affirma l'un des agents. Nous avons trouvé chez elle, dans une malle à double fond, la broche, les peignes, du linge, de la dentelle et des bijoux qui vous appartiennent sans doute, madame.

Ils avaient mis aussi la main sur le journal que Betty tenait avec tant d'assiduité.

A ce moment, la femme de chambre se baissa pour ramasser quelque chose sous un meuble, mais l'un des policiers fut plus rapide qu'elle et s'en empara : c'était une bague en diamants.

— Le vol est caractérisé, souligna le policier. Nous allons l'emmener.

— Madame, Madame, je vous en supplie, sauvez-moi ! gémit Betty.

Nina ignorait le contenu du journal ; elle fut prise de pitié.

— Les choses volées ayant été retrouvées, si je ne dépose pas de plainte, la laisserez-vous en liberté ? demanda-t-elle.

— Madame, nous ne pourrons le faire que si les deux autres plaintes sont retirées.

— Henri, souhaitez-vous maintenir votre plainte ? interrogea Nina.

— Non, madame.

— Et toi, Maria ?

Maria hésita et retira sa plainte à contrecœur. Quand les policiers furent sortis, Nina dit à Betty qu'elle pouvait partir. En dépit de la malhonnêteté, de l'arrogance et d'autres défauts de Betty, Nina était peinée de s'en séparer, car elle était travailleuse et s'était souvent montrée pleine de ressources dans le passé. En partant, Betty remercia sa maîtresse et pleura presque de reconnaissance d'avoir échappé à la police.

Quand elle eut achevé la lecture du journal de son ex-femme de chambre, Nina éprouva plus de stupeur que de compassion. Elle conserva toutefois les divers éléments qui le constituaient et ils se révélèrent précieux, lorsqu'elle voulut écrire ses Mémoires, des années après.

Elle devait revoir Betty par deux fois. Un jour où elle rendait visite à une amie, elle découvrit que Betty était devenue sa femme de chambre. Betty implora son silence en recourant une fois encore à son insolent tutoiement. Nina ne trahit pas son secret. Elle revit une dernière fois Betty au casino de Monte-Carlo. La rencontre lui inspira cette réflexion : « Elle qui avait tout fait, jadis, pour m'empêcher de jouer était devenue joueuse à son tour. J'espérais qu'elle aurait plus de veine que moi. »

Quant à Maria de Mendoça, elle demeura près de Nina durant des années. Au début de la Grande Guerre, elle mit un jour Caroline dans un tel état de fureur que celle-ci lui ordonna en criant de disparaître : « Que je ne vous revoie plus ! » Maria partit. Quand Nina ne la vit pas revenir, elle s'inquiéta, puis se rendit compte que la Portugaise lui manquait. Si Maria l'irritait parfois, elle lui était tout de même devenue très proche. Nina interrogea tous les gens susceptibles de la renseigner et découvrit le lieu où Maria s'était réfugiée. La danseuse demanda sa voiture et se rendit à cette adresse, mais quand Maria eut accepté de la rejoindre et qu'elle monta dans la voiture, au lieu de prendre place sur un siège, elle s'assit par terre. Il semble que le comportement déséquilibré de Maria ait attiré depuis quelque temps l'attention. Comme la crainte de l'espionnage était générale, on crut, à son allure furtive, qu'elle pouvait être une espionne. Un homme ayant entrepris de la surveiller, Maria avait cru qu'il le faisait pour le compte de Nina. Elles étaient à peine arrivées chez Nina qu'on leur transmit une convocation du commissaire de police. Accompagnée de Maria, Caroline reprit la voiture et se rendit au commissariat. On l'y informa que l'on accusait Maria d'être un homme déguisé en femme. Maria avait toujours porté les cheveux très court, depuis son séjour chez la comtesse de Jolival, ce qui avait contribué à faire naître ces soupçons. Les policiers voyaient peut-être en elle un dangereux espion ? Nina les rassura très vite. A peine les deux femmes furent-elles sorties du commissariat qu'elles furent prises d'un fou rire inextinguible. C'est ainsi qu'elles renouèrent leurs orageuses relations.

VIII

Orgueil et princes

Entre les périodes où elle se produisait aux Folies-Bergère, Nina faisait de grands voyages. A cette époque, les gens passaient d'un pays à l'autre sans avoir à redouter contrôles d'identité et de passeports. Elle retourna en Russie, en Angleterre, en Allemagne, renoua avec d'anciens admirateurs et accepta leur protection. A Zurich, où elle séjourna peu après 1900, elle fut accueillie de façon spectaculaire par des étudiants espagnols, qui dételèrent sa voiture et la portèrent en triomphe à travers les rues de la ville. Elle reçut aussi un accueil enthousiaste à Stockholm, Bruxelles, Naples, Florence et New York. Quand elle visita à nouveau l'Amérique du Nord, Vanderbilt lui offrit son yacht et Joseph Kennedy son lit. Elle accepta l'un et l'autre.

Elle se rendit souvent pour de brefs séjours dans son pays natal, l'Espagne, allant parfois dans sa famille. Au cours de l'un de ces déplacements, elle rencontra le grand-duc Nicolas, frère aîné du prince Pierre, son fidèle admirateur russe. Elle pardonna au grand-duc son inconduite passée et poursuivit le voyage avec lui. A Séville, alors qu'ils allaient assister à une course de taureaux, un jeune homme s'arrêta devant elle, enleva sa veste et la jeta à ses pieds, l'invitant ainsi à la fouler. Les passants crièrent leur approbation, aussi répondit-elle en dansant quelques pas de « jota » sur la veste. Le grand-duc, embarrassé, lui demanda ce qu'il devait faire. Elle lui répondit :

— Mais rien. Ici, nous sommes chez nous. Comportons-nous comme on le fait ici !

Lors d'un autre voyage, un jeune homme qu'elle refusait d'écouter voulut la tuer et se suicider. La balle qu'il lui destinait atteignit Caroline au bras, mais celle qu'il se tira dans la tête le tua. Cette agression valut à la danseuse de nombreuses sympathies, dont celle du roi Alphonse XIII. En une autre occasion où elle faisait découvrir la péninsule ibérique à l'un de ses amants, Robert Carsal, Nina fut une fois de plus le prétexte d'une scène violente. Elle prenait place dans un compartiment de chemin de fer, quand Carsal chercha querelle à un fumeur qui gardait son cigare. Elle redoutait les conséquences d'un duel livré dans son pays d'origine, mais les deux hommes décidèrent de se battre à Paris ; la rencontre eut lieu au Parc des Princes et Carsal y reçut une blessure sérieuse.

Alors qu'elle visitait l'Italie, Caroline eut une brève aventure avec Gabriele D'Annunzio ; roux, petit et laid, il lui dédia l'un de ses poèmes et lui dédicaça un portrait qu'elle gardera jusqu'à la fin de ses jours. Elle eut aussi une courte liaison avec Aristide Briand qui lui rendait visite de façon régulière, quand elle se produisait à Monte-Carlo. Dans ses mémoires, la belle Otero évoque les réactions de ses nombreux admirateurs :

« Des déclarations, combien en ai-je reçues et combien d'hommes ai-je vu pleurer, soupirer, exiger. Tous, ils s'approchaient de moi, le visage transfiguré par le désir ; celui-ci s'inscrivait dans les moindres rides de leur front, dans le sourire nerveux de leur bouche. Séducteurs brusques ou tendres ; satyres ironiques, qui vous regardent avec un air affamé ; amoureux ingénus, pleins d'attentions timides ; vieillards riches, durs et satisfaits, payant les joies que leur permettent d'atteindre de derniers restes d'ardeur qui sont habités par l'espoir de retrouver une fois encore les passions de leurs belles années... tous, je les ai vus, égoïstes, viveurs pour la plupart, prêts à tout sacrifier pour leur seul plaisir, mais incapables, le plus souvent, d'un geste de véritable bonté.

J'ai vu de jeunes amoureux, enfants malades, qui attachent une importance extrême à ce qu'ils ne peuvent obtenir, s'exaltant au point de préférer la mort à un désir inassouvi. »

Elle sentait que les hommes qui sollicitaient ses attentions le faisaient par vanité, car devenir son admirateur attitré, la prendre sous sa protection conférait à celui qui le faisait un rang social, puisque cela supposait qu'il eût une richesse et une importance suffisantes. Tout homme qui osait l'approcher devait prétendre disposer d'une fortune digne de celle de Crésus. En conséquence, Nina était le point de mire des autres courtisanes, dont peu remportaient autant de succès. Certaines, comme Diane de Chandel, s'efforcèrent de l'humilier ; d'autres, comme la maîtresse de Robert Kalmann, qui était tombé amoureux de Caroline, essayèrent de la supprimer. Cette dernière tentative eut lieu au début de l'Exposition de 1900, alors que Nina jouait *Une fête à Séville,* au théâtre Marigny et y obtenait un vif succès. Un soir donc, la maîtresse de Kalmann prit une place dans une avant-scène. Alors qu'elle s'installait, un électricien, qui maniait un projecteur dans les coulisses, remarqua l'allure nerveuse de cette femme et décida de la surveiller. Quand Nina apparut en haut d'un escalier du décor, l'électricien vit la femme prendre un objet dans son sac et le pointer vers la scène. Sans plus attendre, il plongea sur la spectatrice et détourna son bras. Il sauva la vie de Nina, car la femme avait appuyé sur la détente ; sa balle se perdit. La presse s'empara de l'affaire, qu'elle exposa en long et en large : la célébrité de Nina s'accrut et les représentations furent prolongées.

Peu après cet événement, Nina soupait un soir au café de Paris, quand André, le maître d'hôtel, s'approcha d'elle et lui indiqua un groupe de Russes, très exubérants, qui occupaient une table voisine. L'un deux, qui portait une barbe courte, taillée en pointe, était le prince Pirievski. Il avait donné cinq mille francs au maître d'hôtel pour qu'il décide Nina à dîner, le lendemain, avec lui. Elle accepta.

Le lendemain soir, quand elle arriva au café de Paris, au lieu d'un tête-à-tête, c'est un somptueux banquet qui l'attendait ; tous les Russes aperçus la veille y étaient conviés. Le prince avait engagé l'orchestre hongrois de Boldi pour qu'il joue les airs tsiganes que Nina aimait tant. Après le dîner, Nina dut se rendre au théâtre, mais le prince la pria de bien vouloir souper avec lui, après la représentation. Il accompagnait sa demande d'un bracelet de diamants. Elle promit d'y venir et Pirievski alla l'applaudir avec ses invités. Après le souper, Pirievski dansa avec elle et lui dit qu'il lui donnerait cinq mille francs par jour, pendant tout le temps qu'elle resterait auprès de lui. Elle accepta encore, mais cette fois, ce n'est pas seulement l'argent qui la décida. Elle se rendait compte que Pirievski lui plaisait et que leur relation ne se limiterait pas aux marchés conclus lors de précédentes liaisons. En dépit de tous les admirateurs et de tous les amants qu'elle avait connus au cours des dernières années, elle aspirait toujours à retrouver l'amour-passion éprouvé pour Paco, Manuelo et Guglielmo. Elle avait l'impression qu'elle allait revivre de telles émotions avec le prince Pirievski. Ce dernier prit conscience à son tour de ce qui les rapprochait et lui déclara qu'il sentait qu'il allait peut-être se ruiner pour elle, mais il ajoutait : « Pourtant, je n'ai nulle intention de m'en aller. » Le prince ne pouvait cependant pas passer toute sa vie à Paris. Le temps vint où il lui fallut retourner en Russie.

— Quand pars-tu ? lui demanda Nina.

— Pourquoi ?

— Parce que cela m'intéresse.

— Tu veux dire que tu aimerais prendre d'autres dispositions pendant mon absence ?

— Ne dis pas de sottises.

— Nina, quand je serai en Russie, je souffrirai en me demandant ce que tu fais en mon absence, qui tu vois... J'aimerais mieux apprendre que tu es morte que de te savoir à un autre.

— C'est terrible de prononcer une phrase pareille...

— C'est la vérité, cependant. Comment peut-on avoir confiance en toi ? Tu es trop jolie pour que l'on ne t'approche pas dès que j'aurai quitté Paris. Il m'est impossible de t'abandonner. Il n'y aura pas deux jours que je serai parti que je souffrirai comme un damné ! Je ne peux pas m'en aller, voilà tout.

— Es-tu si peu sûr de mon amour ?

Il ne répondit pas.

— Est-il absolument nécessaire que tu partes ?

— Oui, j'ai des affaires de famille à régler. Ma femme me réclame tous les jours par des lettres urgentes.

— Alors, il faut y aller.

— Mais je ne peux m'éloigner de toi ! Toutes les

affaires du monde pourraient me réclamer que je ne me séparerais pas de toi.

— Aimerais-tu que j'aille en Russie ?

— Oh ! ma chérie, bien entendu.

— Avec toi ?

— Je te supplie de venir avec moi. Je t'accompagnerais au bout de la terre, tu le sais bien. Mais est-ce possible ?

— Je ne te l'avais pas dit, mais on m'a offert un engagement au Théâtre d'Eté, à Saint-Pétersbourg. Je l'avais refusé, parce que je ne voulais pas te laisser à Paris, mais si tu retournes en Russie je vais leur écrire que j'accepte leur offre. Il subsiste un problème : pendant que je serai à Saint-Pétersbourg, toi, tu seras à Moscou.

— N'importe. La distance n'est pas si longue et j'irai te rejoindre souvent. Nous partirons ensemble. Quand tu reviendras à Paris, je rentrerai avec toi.

S'il était sûr de la réciprocité de leurs sentiments et heureux d'apprendre que Nina serait en Russie en même temps que lui, le prince Pirievski était torturé par la crainte du succès qui attendait sans doute la danseuse et des attentions dont elle serait l'objet. Nina devait confier à une amie : « Je n'ai encore jamais vu un être aussi jaloux. Jamais vu mêler de façon aussi continuelle la jalousie à l'amour et la mort à la jalousie. C'est affreux et c'est pourtant divin ! Pirievski a toujours un revolver chargé à côté de lui. »

Bien des années auparavant, le prince avait épousé la veuve d'un riche marchand ; or, ce mariage avait été considéré comme une mésalliance, car la famille du prince était d'excellente noblesse. Sa femme dirigeait la plupart de leurs affaires, mais elle avait parfois besoin de sa présence. C'est donc à regret qu'il laissa Nina à Saint-Pétersbourg et partit pour Moscou.

Caroline avait loué une maison sur l'une des petites îles de la Néva, où les gens riches possédaient de jolies villas avec jardin et où l'on trouvait aussi des restaurants et des cabarets animés par des orchestres tsiganes. La villa de Nina se trouvait sur l'île de Krestowski ; elle était vieille, d'aspect romantique et assez isolée. Un homme âgé borgne, qu'elle surnommait le Bornik, occupait avec sa femme, Macha, une isba à une centaine de mètres de la maison. Le soir, après la représentation, Nina regagnait l'île et rentrait chez elle ou bien elle se rendait dans l'un des restaurants ou des cabarets. Elle évoque avec émotion ces nuits, dans son autobiographie : « Il y avait quelque chose de très curieux, voire de féerique dans les nuits claires et blanches de Saint-Pétersbourg, à cette époque de l'année. Quand je sors du théâtre, je n'ai jamais envie de me coucher. Il semble qu'il soit dommage de ne pas profiter d'un événement aussi exceptionnel et aussi réussi... »

Un soir, après le spectacle, elle rentrait dans son île en compagnie de son nouveau partenaire, le danseur Aragon, qui habitait une villa à faible distance de la sienne. La vieille Macha vint leur ouvrir la porte. Elle était très émue :

— *Gaspaja, Gaspaja !* s'écria-t-elle. Madame, Madame, il y a un voleur dans la maison...

Sur ce, la femme de chambre apparut et Nina l'interrogea.

— Je n'ai rien entendu du tout, Madame, répondit-elle. Je me suis endormie en vous attendant et c'est Macha, à moitié morte de peur, qui m'a réveillée.

— Monte avec moi, demanda Nina à Aragon. Prends une bougie, moi, je me charge du revolver.

Le prince Pirievski avait insisté pour que Nina garde deux pistolets chargés dans la villa et, dans les circonstances présentes, elle se félicitait de sa prévoyance. Elle pénétra dans sa chambre avec le danseur, trouva la fenêtre ouverte et aperçut le Bornik qui faisait les cent pas dans le jardin.

— J'ai vu quelqu'un sauter par la fenêtre, leur cria le Bornik. J'ai couru derrière l'homme, mais je n'ai pu le rejoindre. Tout ce que j'ai pu voir, c'est qu'il avait l'air bien vêtu.

Ils fouillèrent la chambre : pour seul indice, ils trouvèrent un mouchoir, brodé de l'initiale B.

— Je n'aime pas cela du tout, dit Nina. Le seul homme que je connaisse dont le nom commence par un B s'appelle Borozoff. Or son père est un haut fonctionnaire.

— Pourquoi penses-tu à lui ? demanda Aragon.

— Il se comporte de façon bizarre avec moi, depuis quelque temps. Il demande souvent à voir mes bijoux, il a voulu avoir des détails sur la villa et sur les domestiques. Il m'inspire des soupçons. Puisque tu es là, Aragon, je te serais reconnaissante de passer la nuit ici. Je serais plus rassurée.

Il accepta et dormit au salon.

Le lendemain soir, au théâtre, Borozoff vint voir Nina dans sa loge et prit la peine d'indiquer, dans la conversation, qu'il venait de s'absenter et n'était rentré que dans l'après-midi. A l'en croire, il n'était donc arrivé à Saint-Pétersbourg qu'après le cambriolage dont elle avait failli être victime. Il lui dit aussi qu'il comptait repartir pour Moscou dans quelques jours. Nina demanda à M. Fréval, secrétaire à l'ambassade de

France et ami de Pirievski, qui avait assisté à la scène, s'il ne trouvait pas que Borozoff se comportait de façon bizarre.

— A présent que vous le mentionnez, si.

— Je crois qu'il pourrait bien être le mystérieux cambrioleur qui est entré chez moi, hier soir.

— Pour l'amour du ciel, ne soufflez pas le moindre mot de vos soupçons, sinon vous vous retrouverez dans le premier train quittant la Russie. Borozoff a déjà été soupçonné de nombreux vols, mais étant donné la haute situation de son père personne n'ose rien dire.

Le prince Pirievski arriva de Moscou dix jours plus tard. Il se plaignit de s'être fait voler dans le train son portefeuille, sa montre et une jolie petite miniature de Nina.

— Tu étais seul ? lui demanda Nina.

— Non, j'étais avec Borozoff.

— Alors, c'est lui qui t'a volé.

— Tu es folle ! C'est un homme distingué, un vieil ami à moi. Qu'est-ce qui a pu te faire penser à une chose pareille ?

Devant tant d'indignation, Nina jugea inutile d'insister et ne mentionna pas sa propre expérience. Ses soupçons furent pourtant confirmés plus tard, quand elle fut rentrée en France. Elle rencontra en effet un industriel russe, Libenski, qui lui raconta comment Borozoff avait tenté de lui voler quarante mille francs, gagnés à Monte-Carlo. Borozoff avait assisté à la partie, suivi l'industriel à l'hôtel et s'était caché dans le cabinet de toilette de sa chambre. Quand il avait cru Libenski endormi, il était sorti pour s'emparer de l'argent. Libenski s'était réveillé et avait lutté avec son visiteur. Borozoff lui avait donné plusieurs coups de canne et était parvenu à l'assommer, mais non sans que Libenski ait eu le temps de le mordre jusqu'au sang. Borozoff s'était enfui, mais un garçon de l'hôtel l'avait aperçu et avait donné son signalement à la police. Arrêté à la gare, il avait été mis sous les verrous. Une perquisition, chez lui, avait révélé la présence de nombreux objets volés, dont la miniature de Nina, qui avait appartenu à Pirievski. Borozoff demeura un moment en prison, puis Nina apprit un jour qu'il s'était empoisonné, à l'aide d'une capsule que son frère était parvenu à lui remettre. Elle se demanda si on ne l'avait pas laissé s'enfuir. Quoi qu'il en soit, on n'entendit plus jamais parler de lui.

L'engagement de Nina au théâtre d'Eté tirait à sa fin et la danseuse commençait à songer à son retour en France, car elle devait se produire peu après aux Folies-Bergère. Le prince s'efforçait de la persuader de rester et d'oublier le music-hall, mais aux yeux de Nina sa carrière demeurait importante ; elle ne voulait pas l'abandonner comme elle l'avait fait pour Thompson, le riche Anglais. Le prince et elle se querellaient sans cesse et s'adressaient de tels reproches qu'ils décidèrent de se séparer. Elle partirait pour Paris, lui pour Moscou. Lorsqu'ils voulurent se dire adieu, ils en furent toutefois incapables : « Nous nous précipitâmes dans les bras l'un de l'autre et la frénésie qui s'empara de nous fut celle des êtres que confond une passion supérieure à toutes les forces existant sur la terre », écrira Nina. Pirievski partit avec elle pour Paris.

De retour en France, ils reprirent leurs habitudes, faites de représentations, de soupers, de fréquentations des clubs et d'activités mondaines. Bien que Nina se fût engagée à lui être fidèle, il n'était pourtant pas satisfait et ne parvenait pas à modérer son épouvantable jalousie. Nina le décrit ainsi : « Jamais, jamais je n'avais le droit de danser avec un autre homme que lui, ni de laisser mon regard s'attarder d'un côté ou de l'autre. Quand cela m'arrivait, il s'appliquait à me rendre la pareille ; c'étaient alors des scènes affreuses, où nous nous torturions avec des raffinements de méchanceté. »

Un soir, alors qu'ils soupaient, elle avait répondu au salut d'un homme de sa connaissance, qui se trouvait à une table voisine. Pour se venger, Pirievski avait regardé avec insistance une femme, installée dans une autre partie du restaurant. Une fois dans la voiture qui les ramenait chez Caroline, ils s'adressèrent des reproches. Quand ils furent à destination, il lui souhaita le bonsoir sur un ton ironique, avant de s'éloigner.

Nina alla droit à sa chambre, après avoir dit à sa femme de chambre qu'elle pouvait se retirer, puis elle entrouvrit la fenêtre, dans l'espoir que le prince reviendrait. Comme elle ne l'apercevait pas, elle décida de se coucher. Tout en se déshabillant, elle sentit une odeur bizarre dans la pièce et vaporisa du parfum. Alors qu'elle le remettait à sa place, le vaporisateur lui échappa des mains et se brisa. Elle se baissa pour en ramasser les morceaux et aperçut un homme, caché sous son lit. Conservant son sang-froid, elle se dirigea vers le cabinet de toilette, prit un revolver dans un tiroir et tira sur l'homme. Elle se précipita ensuite à la fenêtre, l'ouvrit en grand et appela au secours. L'homme, qui était blessé, la bouscula et sauta par la fenêtre, tandis qu'elle tirait encore dans sa direction, mais sans l'atteindre. Ses cris réveillèrent un voisin qui, voyant l'homme prendre la fuite, accourut et l'empêcha d'aller plus loin.

Le lendemain, quand Pirievski vint rendre visite à Nina, elle lui reprocha de l'avoir laissée seule, en soulignant qu'elle aurait pu être tuée. Il lui demanda pardon. Elle lui assura qu'elle ne pourrait plus jamais dormir une autre nuit dans cette maison ; Pirievski promit de lui en acheter une autre. Pendant que les domestiques feraient le déménagement, le prince l'emmènerait à Monte-Carlo, afin qu'elle oublie cette terrifiante aventure. Ils descendirent à l'hôtel de Paris et se brouillèrent très vite de nouveau. Un soir où Caroline attendait le prince dans le hall de l'hôtel, elle aperçut le grand-duc Nicolas, qui s'approcha aussitôt d'elle et lui baisa la main. Quand Pirievski descendit et les vit ensemble, il fit demi-tour et remonta chez lui, furieux.

— Je ne peux me fier à toi, lui cria-t-il, lorsqu'elle vint le chercher. Tu accostes même des hommes dans le hall.

— Tu es ridicule. Le grand-duc est l'un de mes vieux amis.

— C'était évident. Qu'est-ce qui vous amusait donc tellement ?

— J'en ai assez de ta jalousie, elle est insupportable.

— Et moi, je suis écœuré de la manière dont se conduit une femme que j'ai achetée.

Là-dessus, il lui envoya une gifle retentissante qui la fit tomber. Quand elle se releva, elle se dirigea vers la table sur laquelle il avait posé son revolver, se saisit de l'arme et en brandit le canon vers lui.

— Ne m'approche plus, menaça-t-elle.

Elle voulait lui faire peur, mais dans son trouble elle appuya sur la détente et le coup partit. La balle traversa la cloison et alla casser la glace de la cheminée de la chambre voisine, effrayant un voyageur qui dormait. Ce dernier appela aussitôt Fleury, le directeur de l'hôtel.

Le lendemain, Nina fut convoquée au commissariat de police et s'entendit menacer d'expulsion. Elle se défendit en soutenant devant le commissaire que tout était de la faute du prince. Fleury témoigna en sa faveur, aussi le commissaire la laissa-t-il repartir sans donner suite à cette affaire.

Pirievski se vengeait en général de Nina, on l'a vu, en s'intéressant à d'autres femmes. Etant donné l'irascibilité bien connue de Nina, peu nombreuses étaient celles qui osaient se poser en rivales. Celles qui s'y étaient risquées — Diane de Chandel ou Mlle Dalton, par exemple — l'avaient regretté. En cette occasion, pourtant, Pirievski offrit le rôle à une certaine Suzanne Montal, qui l'accepta. Nina le connaissait assez pour savoir ce qu'il allait tenter, aussi décida-t-elle de lui jouer un tour à sa façon. Sachant que le couple dînerait à l'hôtel, elle commanda un grand repas pour des femmes de sa connaissance et leurs amis. Au moment où Pirievski et Mlle Montal entrèrent dans la salle à manger, les dîneurs guettèrent la réaction de Nina, qui n'en eut pas. Un chasseur s'approcha alors de Suzanne Montal et lui remit un petit paquet. Elle l'ouvrit avec beaucoup de circonspection, mais n'en tira qu'une chemise de nuit de Pirievski, avec les compliments de Caroline. Le prince et elle furent très embarrassés. Les dîneurs rirent beaucoup et applaudirent à la plaisanterie. Nina avait gagné.

Peu après, pourtant, Pirievski et Caroline se réconcilièrent et rentrèrent à Paris, où ils s'installèrent dans un hôtel particulier, au 29 de l'avenue Kléber ; il l'avait acheté et fait décorer pour elle. Quelque temps après leur retour, le prince fit un autre voyage en Russie. Durant son absence, Nina se consola dans les bras d'un Brésilien du nom de Sertori. Le prince fut très vite au courant de cette liaison et écrivit à Caroline pour la lui reprocher. Il en avait été averti par la comtesse Vallia, une Roumaine amoureuse de lui et jalouse de Nina. La danseuse s'efforça d'amener le prince à de meilleurs sentiments en lui répondant, mais il n'ajouta pas foi à ce qu'elle lui écrivait.

Un soir où elle se préparait à entrer en scène, aux Folies-Bergère, son ami Jacques Riberner l'avertit que Pirievski avait loué une avant-scène et qu'il l'occupait avec la comtesse Vallia. Le prince entendait donc recourir à sa tactique favorite. Nina eut peur d'éprouver une émotion telle que son numéro en soit affecté.

— Sois tranquille, ma chère, lui dit Riberner. Je vais empêcher le prince et la comtesse d'entrer dans la salle pendant que tu danseras.

Il tint parole et la représentation se déroula sans accroc. Plus tard, Nina vit beaucoup Pirievski en compagnie de la comtesse et s'étonna de constater à quel point cette femme copiait sa façon de s'habiller, sa coiffure et sa manière de combiner les bijoux. La comtesse avait d'ailleurs demandé au coiffeur et à la costumière de Nina de l'accepter comme cliente, mais ils avaient refusé. Ne voulant pas s'abaisser à adresser des reproches à la comtesse en public, Caroline écrivit de nouveau à Pirievski pour protester de son innocence, mais il ne lui répondit pas. Plus les semaines passaient et plus la vue de ce couple, les murmures et les bavardages amusés des gens qu'elle fréquentait exaspéraient Nina. Elle voulut se tuer. Riberner la surprit juste à temps et réussit à détourner l'arme. La balle la toucha à la hanche. Un médecin fut appelé ; la blessure n'étant pas grave, il lui permit de danser le soir même. Il revint cependant tous les jours lui refaire le pansement, car les mouvements de la danse rouvraient la blessure. Quand le prince apprit sa tentative de suicide, il demanda à Riberner d'intercéder en sa faveur auprès de Nina pour qu'elle le reçût avenue Kléber. Elle refusa et demanda à Riberner de ne plus mentionner le nom de Pirievski devant elle. Un jour, le prince accompagna tout de même Riberner chez elle. Les domestiques lui interdirent tout d'abord l'entrée de l'hôtel, mais il leur distribua de l'argent et son autorité leur en imposa. Ils finirent par le laisser passer.

Riberner pénétra le premier dans la chambre de Nina, et lui dit :

— Tu sais... je viens de voir le prince. Il est très malheureux.

— Je t'ai défendu de me parler de lui. Je ne veux plus ni le voir, ni en entendre parler.

— Nina, il t'aime. Il n'a jamais aimé que toi.

— Et cette femme ?

— Il l'a louée comme figurante pour vingt-cinq louis par jour, afin de te tourmenter, parce que tu avais été vue avec ce Brésilien. N'est-il pas juste, à ton avis, que Pirievski se montre aussi fier et aussi possessif que toi ?

— Non, j'ai trop souffert par lui.

— Je t'en prie, Ninouchka, intervint le prince, en se précipitant dans la pièce.

Il la prit dans ses bras et ajouta :

— J'ai été un imbécile, un idiot, mais tu sais que je n'aime que toi.

Il lui montra alors toutes les lettres de la comtesse, ses déclarations d'amour et ses reproches de ne pas avoir su oublier la « tsigane aux perles ».

Riberner s'esquiva, dans l'espoir que les deux amants se réconcilieraient. Il était trop tard, pourtant. Nina savait qu'elle avait trop souffert pour pouvoir recommencer. Les scènes de jalousie l'avaient trop marquée, nous dit-elle : « L'essentiel de mon amour pour lui était mort. Il me semblait qu'un ressort s'était brisé en moi. J'avais trop pleuré, trop désiré revoir cet homme, trop pensé à lui, mis peut-être trop de choses en son souvenir. Il était là, devant moi, à présent et je ne retrouvais plus mon amour. Je ne pouvais me défendre d'éprouver de la rancune contre lui. »

Au bout d'un moment, elle dit à Pirievski :

— Il faut me donner un peu de temps. Ecoute, tu vas t'engager, tu vas aller te battre au Transvaal, pour les Boers. Dans trois mois, tu reviendras. Nous pourrons peut-être alors recommencer à être heureux.

Cette proposition en faveur des Boers était assez curieuse, mais Nina s'était passionnée pour leur sort. Elle trouvait courageuse la résistance qu'ils opposaient aux Anglais, tout en pressentant qu'elle n'aboutirait pas.

Le prince hésita, puis accepta, à la condition d'emmener le jeune frère de Nina, qui faisait ses études à Paris.

— Il restera loin des champs de bataille, je te le promets... Mais, pour moi, il sera une sorte de gage.

Nina n'avait pas envie de voir son frère partir. Il n'avait que seize ans et était encore inscrit au collège Sainte-Barbe, à Paris. Elle soutint qu'il était trop jeune. Le prince repoussa cette objection et s'adressa au jeune homme. Ayant hérité, lui aussi, d'un caractère aventureux, il accepta.

Durant les trois mois qui suivirent, Caroline n'eut aucune nouvelle d'eux. Le bruit courut même qu'ils avaient disparu. Après une enquête longue et coûteuse, elle apprit enfin qu'ils ne se trouvaient pas au Transvaal, mais à Lourenço Marques, où ils fréquentaient tous les lieux de débauche. Nina reçut enfin du prince la dépêche suivante : « Viens nous attendre à Marseille ». Peu désireuse de se rendre à une telle invitation, elle demanda à un ami de la remplacer et le chargea de renvoyer son frère sans plus attendre en Espagne, chez leur mère. Elle refusa de revoir Pirievski, même lorsqu'il demanda à être reçu chez elle. Poussé au désespoir, Pirievski choisit l'escalier de son hôtel de l'avenue Kléber pour tenter de se suicider. Transporté à l'hôpital Beaujon, il y fut bien soigné, mais ce furent surtout les visites de Nina qui lui donnèrent la force de lutter pour demeurer en vie. Caroline n'osait pas lui dire qu'elle ne vivrait plus jamais avec lui, de crainte qu'il se laissât mourir, aussi lui promit-elle de l'accompagner dans le Midi de la France, dès qu'il serait rétabli.

La danseuse connut alors d'autres angoisses. Peu de temps après la tentative de suicide du prince, sa mère tomba très malade, à Séville. Nina la fit venir à Paris pour la soigner. Dans ses souvenirs, elle souligne qu'elle lui avait pardonné depuis longtemps les heures difficiles, vécues dans son enfance, auxquelles sa mère faisait, semblait-il, sans cesse allusion en regrettant ses torts : « Recevoir des excuses de sa mère laisse une impression pénible que j'aimerais mieux ne pas avoir éprouvée. » A présent que sa mère était malade, Nina lui accordait beaucoup d'attention, la traitait avec amour et bonté. Nina ne se montra jamais indifférente à l'égard des membres de sa famille, bien que ceux-ci ne lui eussent souvent manifesté que de l'ingratitude. Son frère, quand il était à Paris, lui avait pris de l'argent ; sa jeune sœur, qu'elle avait fait élever aussi, ne lui en fut jamais reconnaissante. Après la mort et l'enterrement de sa mère, Nina retourna au chevet de Pirievski et s'aperçut qu'il allait beaucoup plus mal, en grande partie du fait de son absence. Elle se promit de passer davantage de temps auprès de lui, mais déjà il était trop tard. A quelque temps de là, le prince mourut, rapporte-t-elle, en murmurant :

— Madame va venir… Préparez tout. Nous partons pour le Midi…

Après sa mort, elle apprit qu'il avait laissé d'énormes dettes de jeu et qu'il devait, en particulier, quatre-vingt mille francs au Cercle. Elle les régla et, comme l'hôtel particulier de l'avenue Kléber lui rappelait trop de souvenirs pénibles, elle le vendit et s'installa dans un appartement de l'avenue Henri-Martin, en ne conservant qu'une femme de chambre. La disparition de sa mère et de Pirievski la déprimèrent et elle décida de voyager pour se changer les idées. Elle accepta un engagement à New York et embarqua une nouvelle fois sur le *Bourgogne.* Elle était accompagnée du danseur Aragon et d'une troupe de musiciens. La traversée fut pénible, car ils essuyèrent une violente tempête et un passager tomba à l'eau. Un cheval appartenant à un dresseur qui allait présenter un numéro dans un cirque de New York fut également victime du mauvais temps. Le dresseur était si désespéré que Nina fit une quête pour lui parmi les passagers.

Une fois à New York, Nina se réjouit de pouvoir donner son spectacle chez Koster et Bial, les directeurs d'un music-hall où se produisait Lucette Norbert, qu'elle devait remplacer. Lors de la dernière représentation de cette artiste, Nina alla la féliciter dans sa loge, mais elle la trouva très amère. Lucette Norbert avait été déçue par l'accueil que lui avaient réservé les Américains. Elle dit à Nina :

— Tu auras du succès, toi, parce que tu es jolie. Le talent, ici, a peu d'importance.

En dépit de ce peu d'amabilité, elle avait vu juste. Nina remporta un grand succès et les journaux saluèrent son retour par des manchettes : « Otero, la Reine des Aventures et des Bijoux », « Les souverains et les grands-ducs ont été les esclaves de sa fascination ». Ils mentionnaient le nombre de gens qui avaient mis fin à leurs jours pour elle, dont Jurgens, qui avait dirigé le théâtre de l'Eden Museum, où elle s'était produite lors de son premier passage à New York, et Payen, qui s'était tué devant le Pavillon chinois du Bois de Boulogne, puis ils la surnommaient « The Suicides' Siren ». Bien entendu, ces articles attiraient toujours plus de public au théâtre et les recettes étaient extraordinaires. Les directeurs, ravis, lui demandaient de prolonger son engagement, mais elle ne pouvait accepter, car elle était attendue aux Folies-Bergère et souhaitait rentrer sur le *Bourgogne.*

L'avant-veille de son départ, elle accepta l'invitation à souper d'un journaliste espagnol. Or, cet homme était en réalité le représentant du directeur d'une salle rivale, désireux de voir Nina se produire chez lui. La danseuse expliqua au journaliste qu'elle ne pouvait accepter son offre pour la même raison : le respect du contrat qui la liait aux Folies-Bergère. Le lendemain, quand elle alla demander à Koster et Bial le solde de ses cachets, ils entrèrent en fureur et prétendirent savoir qu'elle avait signé un engagement avec leur concurrent. Elle s'efforça de leur expliquer qu'il n'en était rien, mais ils se montrèrent insensibles à tous ses arguments. Ils refusèrent de lui payer son voyage de retour et il fallut une âpre discussion pour qu'ils comprissent enfin son désir de rentrer à bord du *Bourgogne* dans les heures qui suivaient. Elle voulait participer, quelques jours plus tard, aux répétitions des Folies. Ils prétendirent que le prix de la traversée à bord du *Bourgogne* était trop élevé pour eux et que sur un bateau anglais le voyage coûterait cinq mille francs de moins. Enervée, pressée par le temps, elle accepta leurs conditions et se précipita à l'hôtel pour chercher ses bagages avant de se rendre au port. Quand elle y arriva avec sa troupe, le *Bourgogne* levait l'ancre. Furieuse, elle regagna son hôtel et télégraphia aux Folies-Bergère qu'elle rentrerait par le prochain bateau, le *Champagne*, et qu'elle serait à Paris une semaine plus tard. Ce retard lui sauva la vie, car le *Bourgogne* fit naufrage et un seul de ses passagers fut sauvé...

Le contrat de la belle Otero avec les Folies-Bergère s'achevait, car c'était là sa dernière saison dans ce music-hall. Quand elle eut terminé cette série de représentations, elle décida de se rendre à Naples pour y prendre des vacances. Elle y fit la connaissance du baron Lezcari, un homme d'une immense richesse, qui la couvrit d'or et de cadeaux. Quand il la raccompagna à Paris, on parla beaucoup des bijoux qu'il lui offrait : l'une des perles dont il lui avait fait présent valait à elle seule cent trente-cinq mille francs. Il lui fit quitter l'appartement de l'avenue Henri-Martin et l'installa dans un petit hôtel particulier de la rue Fortuny.

En dépit de l'intérêt qu'il lui portait et de l'argent qu'il dépensait pour elle, Nina était décidée à poursuivre sa carrière ; maintenant qu'elle n'était plus tenue par le contrat des Folies-Bergère, elle se sentait libre d'aller où bon lui semblait. On lui offrit une tournée en Amérique du Sud, qui devait débuter à Buenos Aires. Bien entendu, à cette époque un contrat était une affaire personnelle entre un artiste et un directeur de salle et il n'y avait pas d'imprésario pour protéger les intérêts du premier : les cachets n'étaient payés qu'en fin de contrat, et si un artiste était en retard il lui fallait souvent payer une amende. Lezcari estimait que c'était de la folie, pour elle, d'aller à Buenos Aires, où elle n'aurait aucune assistance, mais elle était résolue.

Une fois sur place, elle s'aperçut que le directeur de la salle de Buenos Aires, Lucien Champêtre, procédait comme l'avait fait Montos à Moscou et qu'il attendait d'elle qu'elle assistât à des soupers particuliers. Comme elle n'acceptait pas les personnes qu'il avait choisies, il refusa d'honorer les clauses de leur contrat et de la payer avant la représentation. Elle refusa de jouer avant d'avoir été payée et chacun resta sur ses positions. On avertit alors Nina que le public venu l'applaudir ce soir-là était très déçu. Ne voulant pas qu'il fût victime de ce désaccord, Caroline consentit à danser et à chanter, mais elle déclara à Lucien Champêtre qu'elle ne donnerait pas d'autre représentation chez lui. Elle entra donc en scène et enthousiasma les spectateurs, mais aussitôt après cette soirée elle annula son contrat. Une fois libre, soutenue par la publicité que la presse avait faite au différend l'opposant à son précédent directeur, Nina reçut de nombreuses offres et accepta celle du directeur du Casino, un café-concert où les femmes, en principe, n'étaient pas admises. Elles y occupaient pourtant des loges munies de grilles, d'où elles voyaient sans être vues. Cette situation fit une curieuse impression à la danseuse. Au moment des rappels, elle demanda aux femmes cachées de se montrer, d'ouvrir leurs grilles. Le respect des traditions l'emporta, cependant, car les femmes de les ouvrirent pas.

La tournée de Caroline en Amérique du Sud fut écourtée, car elle tomba malade à Rio de Janeiro et le médecin consulté lui enjoignit de rentrer au plus tôt en Europe. Elle envoya une dépêche au baron Lezcari pour lui demander de venir l'attendre à Lisbonne. Dès qu'elle fut un peu remise, ils partirent tous les deux à Monte-Carlo, où elle perdit le montant de ce qu'elle avait gagné en Amérique du Sud. Lezcari compensa ses pertes et se montra aimable et attentif envers elle, jusqu'au moment où il fut appelé, pour ses affaires, en Italie et dut la laisser seule. Il lui envoya de nombreuses lettres, dans lesquelles il retardait toujours son retour. Elle se rendit à Nice et y rencontra un ami, qui lui offrit de l'accompagner à un déjeuner donné sur le yacht du marquis Roger de Lapierre.

— Je ne connais pas le marquis, lui opposa Nina.

— Je vais te le présenter, ma chère. Toutes les femmes tombent amoureuses de lui. Tu ne feras pas exception à la règle.

Il avait raison. Le marquis et elle éprouvèrent bientôt beaucoup d'intérêt l'un pour l'autre et il l'emmena en croisière à bord de son yacht, rebaptisé *Andalousia* pour la circonstance. Nina n'avait pas le pied marin et, comme le souvenir du naufrage du *Bourgogne* la rendait nerveuse, ils mirent fin à leur voyage et gagnèrent Paris. Le marquis l'installa dans une propriété d'Andrésy. C'est là qu'ils passèrent les deux années suivantes. Entre-temps, le baron Lezcari était revenu, mais il comprit que Nina n'avait plus rien à faire avec lui. Il découvrit aussi qu'elle avait vendu la maison et les meubles de la rue Fortuny pour le punir de l'avoir abandonnée à Monte-Carlo.

Nina avait à présent plus de quarante ans et elle éprouvait le besoin de s'assurer une certaine sécurité, ainsi que de mener une vie plus rangée. Elle pensait que le marquis lui procurerait l'une et l'autre. C'est alors qu'elle fit la connaissance de Robert Carsal et qu'ils eurent tous deux le coup de foudre. Elle décrira ainsi cette première rencontre : « ... Certainement, l'éclair ne saurait être plus rapide que cette attraction soudaine éprouvée par un être pour un autre. D'aucuns ne veulent pas croire à son existence. Je peux assurer pourtant que je l'ai ressentie le jour où j'ai aperçu pour la première fois Robert, ce grand, ce beau garçon, avec un joli visage fin, que je trouvais si émouvant, peut-être parce qu'il devait me faire verser tant de larmes. »

Si elle eut la prémonition qu'elle commettait une erreur en renonçant au marquis pour les incertitudes de l'amour de Robert, son caractère impulsif la poussa à choisir en faveur de ce dernier. Le marquis lui envoya alors la lettre suivante :

Ma chérie, mon petit "bout",

Voilà deux mois que j'ai quitté Paris et que je vis à la campagne pour tâcher de me ressaisir et d'apaiser mon chagrin.

Tu m'as laissé partir, triste et découragé, et depuis deux mois tu ne m'as pas écrit le moindre mot. Ma pauvre petite, comme on est cruel quand on n'aime plus ! Enfin... quoi qu'il arrive, nous nous comprenions bien et nous avons été heureux.

Quelle folie s'est donc emparée de toi ? Tu me disais pourtant que tu étais heureuse. Je te croyais. Tu m'assurais que tu étais bien guérie des aventures qui t'avaient donné tant d'inquiétudes, jadis. Tu t'en disais lasse.

Ma pauvre chérie, tu avais parlé trop tôt. Peut-être crois-tu que je n'ai pas compris tous tes mensonges des derniers temps de notre amour ? Je te connaissais trop bien et je t'aimais trop pour ne pas voir que tu étais emportée loin de moi par le souffle d'une nouvelle, d'une absorbante passion.

J'ai attendu et j'ai souffert, en espérant que ta folie passerait ; il a bien fallu me rendre à l'évidence, à la fin, et nous voilà séparés à jamais. Ma pauvre chérie ! Mon petit bout *que j'ai tant aimé !*

J'en ai fini avec cette existence tumultueuse. Je m'efforcerai de t'oublier.

Adieu, ma petite, ne sois pas trop malheureuse. Conserve au moins un bon souvenir de l'amour que tu as jadis éprouvé pour moi.

Roger

Robert Carsal était un homme à l'esprit vif, habile, mais fort vaniteux. Cet enfant illégitime se plaisait à entourer sa naissance de mystère, laissant entendre que ses parents appartenaient à une famille royale. Nina n'ajoutait pas foi à ses vantardises, mais quand il prétendait être un « enfant de l'amour » il lui paraissait si charmant qu'elle n'avait pas le cœur de lui ôter ses illusions. Les deux amoureux firent un long voyage à l'étranger ; ils visitèrent une grande partie de l'Italie, durant les premiers mois de leur liaison. Ils allèrent ensuite en Egypte, puis en Espagne, où se produisit l'incident qui incita Robert à provoquer un voyageur en duel. Il regagnèrent Paris et Robert fut blessé. Cette fois, après le bonheur, Nina ne connut plus que les désillusions et les soupçons.

Lorsque Caroline avait renoncé au marquis pour Robert, celui-ci venait de quitter une femme qu'il avait aimée. A leur retour, cette femme se présenta à la porte de Nina et fit une scène de jalousie. Nina comprit que Robert n'avait pas vraiment rompu avec elle, qu'il la gardait en réserve. Les soupçons de la danseuse se renforcèrent le jour où elle surprit Robert au téléphone, en conversation avec cette femme, et en une autre occasion, où elle décrocha l'appareil. L'autre femme la prit en effet pour une domestique et fixa un rendez-vous pour M. Carsal. Nina fit de violents reproches à son amant. Robert était jeune, il manquait de confiance en lui-même, de maturité et ne parvenait pas à faire face à la situation. Comme il trouvait l'amour de Nina trop exigeant et la manière dont l'autre femme le relançait trop angoissante, il opta pour le suicide. Après une scène, il se précipita hors de la pièce où se trouvait Caroline, et alla chercher une bouteille d'acide. Il voulait s'empoisonner, mais Nina le suivit, lui arracha la bouteille et renversa une partie du contenu sur son bras. On la transporta à l'hôpital, où on lui mit le bras dans le plâtre. Pour l'aider à se rétablir, Robert l'emmena en voiture au Mont-Dore. Ce voyage, très inconfortable, ne fit qu'accroître ses souffrances. Ils tentèrent de poursuivre leur liaison, mais l'amour que Nina avait éprouvé pour lui avait en grande partie disparu.

Un jour, Robert eut un accident de voiture. Nina se précipita à la clinique où il avait été transporté. Elle trouva l'autre femme à son chevet, qui lui tenait la main. Elle fit demi-tour et sortit, résolue à ne plus jamais le revoir. Quand il fut remis, il la poursuivit de ses attentions, mais la décision de Nina était prise.

Cherchant une consolation dans le travail, elle décida de donner une nouvelle orientation à sa carrière. Elle choisit d'interpréter un rôle dans un mimodrame en un acte, intitulé *Nuit de Noël,* au théâtre de Monte-Carlo. Elle ne reçut pas l'accueil enthousiaste qui lui était réservé au music-hall, mais elle voulut poursuivre dans cette voie. Un ami lui demanda alors si elle accepterait de chanter un acte de *Carmen*, au cours d'un spectacle monté pour célébrer *Trente ans de théâtre aux Variétés*. Meilhac, l'auteur de *La vie parisienne* et de *L'attaché d'ambassade*, dont Franz Lehar allait s'inspirer pour *La veuve joyeuse,* avait suggéré que ce rôle lui fût confié. Il avait en effet laissé écrire dans *Le Figaro* : « Je crois que cette Otero, outre qu'elle est la plus belle et la plus séduisante femme que l'on puisse rêver, sera aussi un jour notre *Carmen*. Pourquoi ne réussirait-elle pas dans un rôle qui semble avoir été fait pour elle ? Elle fera sans doute la fortune du directeur de théâtre qui l'y essaiera. »

Nina accepta, mais avant de se produire en public, elle eut l'intelligence de prendre vingt-six leçons de chant avec Lucien Fugère. En juin 1912, les journaux donnèrent le compte rendu de ses débuts dans le répertoire de l'Opéra-Comique. Jules Bois, dans *Paris-Journal*, écrivit : « Une nouvelle *Carmen* nous est née », puis il mentionnait sa « grâce fatale », sa « beauté sensuelle et magnétique », ainsi qu'« une violence, une insolence qui sont bien les dons redoutables de l'héroïne ». *Gil Blas* vanta cette *Carmen* « aux yeux expressifs, au merveilleux sourire, à la souplesse de gitane... même quand elle marche, on croirait qu'elle danse... Elle est avant tout une artiste dramatique... nous ne saurions trop l'en féliciter ». *Le Figaro* assura : « Cette *Carmen* est avant tout naturelle. Elle est fougueuse, passionnée... Son jeu est vivant, adroit et plastique. » Un autre journal, il est vrai, rapportait qu'une chanteuse l'avait serrée avec violence dans ses bras, en criant : « Sublime ! Merveilleux ! » mais qu'un spectateur avait remarqué : « C'est pour étouffer sa voix. »

Son succès lui valu un engagement à l'Opéra-Comique et... la jalousie des professionnels, qui estimaient qu'une chanteuse sans formation était une insulte à leur art. Nina ne s'en inquiétait pas, car elle continuait à attirer le public. Savignac, qui jouait avec elle, souhaitait louer l'Opéra de Nice pour lui faire interpréter, outre *Carmen, la Navarraise, Cavaliera Rusticana* et *la Tosca*. Quand Nina alla, avec la troupe de l'Opéra-Comique, chanter *Carmen* à Rouen, on l'avertit que le public serait hostile et qu'il avait sifflé deux cantatrices renommées, peu de temps auparavant. Il ne se montrerait pas tendre avec une danseuse de café-concert, qui croyait pouvoir chanter. Sans vouloir se laisser intimider, Nina se préparait, quand le coiffeur arriva. Elle lui demanda si l'assistance était nombreuse. Il répondit que toutes les places étaient prises, avant d'ajouter :

— La salle sera pleine à craquer. Les gens ont payé vingt-cinq francs, alors que d'habitude ce n'est que cent sous.

Le maire de la ville vint alors dans sa loge l'avertir que la salle était houleuse :

— Faites attention. Ils ne connaissent que votre réputation de danseuse et seront sévères à l'égard de votre chant.

S'armant de courage, elle décida de ne pas tenir compte de la tradition et de jouer une *Carmen* tout à fait réaliste. Il lui suffisait, après tout, de puiser dans ses souvenirs pour donner un caractère d'authenticité à son interprétation. Elle réussit à captiver le public, mais ce fut la dernière fois qu'elle chanta l'opéra. On lui interdit par exploit d'huissier de se produire dans le rôle de *Carmen* et dans tout autre rôle du répertoire, car il existait un grand nombre de cantatrices capables de les tenir qui se trouvaient à la recherche d'engagements.

On était en 1914, la guerre était imminente. Caroline regagna Paris, après un long voyage à l'étranger, et chercha à se rendre utile. Elle renonça à être infirmière, car elle ne supportait pas la vue du sang, mais accepta de s'occuper d'œuvres de charité. En 1915, elle partit pour Biarritz, où elle contribua à l'organisation de secours pour les blessés et les réfugiés. Un jour, à Saint-

Sébastien, elle fit une quête pour ses œuvres et s'adressa, entre autres, à un très riche banquier espagnol. Alors qu'il se contentait d'une médiocre contribution de cinquante francs, assortie de commentaires déplaisants sur les Français, elle lui dit à haute voix ce qu'elle pensait de sa mesquinerie. Comme la scène s'était déroulée dans le hall d'un hôtel, la nouvelle s'en répandit jusqu'à Biarritz, où Nina rentra le soir même.

Elle était ennuyée que l'histoire ait eu un tel retentissement, mais le banquier l'était encore plus qu'elle. Il lui fit demander, par un intermédiaire, de répandre la nouvelle que leur dispute avait été inspirée par la jalousie. Pour la remercier, il lui ferait don d'un château qui lui appartenait dans le Nord de la France. Cette subite générosité devait plus tard inspirer à Nina le commentaire suivant : « Sans doute, avec l'opinion qu'il avait des Français, ne croyait-il pas me donner grand-chose en me faisant don d'un château situé dans les régions envahies. »

Elle refusa sa proposition et il souffrit de l'indignation qu'il avait excitée par sa ladrerie.

Caroline Otero a donné de nombreuses preuves de sa bonté et de son désintéressement, qui sont beaucoup moins connues. Elle a pardonné à sa mère et lui a assuré une existence confortable ; elle a donné une éducation à son frère et à sa sœur, qui ne lui en ont jamais été reconnaissants. Pendant la guerre, elle a pris en charge le petit-fils d'une réfugiée algérienne et a continué de l'aider jusqu'à ce qu'il fût en âge de gagner sa vie. On sait peu de chose de ce garçon (qu'elle appelait Edouard). Elle avait rencontré sa grand-mère alors qu'elle s'occupait d'œuvres de charité et elle rapporte ainsi la scène dans ses Mémoires : « J'aurai toujours l'affreuse vision, parmi tant d'autres horreurs, de cette vieille femme qui avait eu les deux mains coupées et qui se demandait avec angoisse ce qu'allait devenir son petit-fils, un enfant de deux ans. J'ai emmené la malheureuse chez moi, où elle est morte quelque temps après ; j'ai fait élever son petit-fils et je l'ai adopté. »

Durant toute l'enfance d'Edouard, Nina prit soin de le maintenir dans l'ombre. Elle ne voulait pas voir son nom associé à celui de la célèbre « belle Otero », ce qui aurait pu compromettre son avenir. Elle lui fit suivre des études dans un internat du Midi et prit des dispositions pour qu'il fût accueilli dans une famille honorable. L'intérêt qu'elle porta à cet enfant est caractéristique de la générosité dont elle fit preuve à maintes reprises, comme en témoigne une autre histoire, que certains tiennent pour une légende : elle aurait échangé une bouteille d'eau de Cologne contre un petit Noir, dans le port de Nice. Cette anecdote fit beaucoup pour sa renommée et elle ne la démentit jamais.

Si, pendant toute la guerre, Nina accepta de nombreuses tournées au profit d'œuvres de charité, elle abandonna ensuite la scène. On lui avait offert un engagement intéressant, en 1918, mais un accident d'automobile l'empêcha d'accepter. Quand elle revint à Paris, vers 1920, elle jugea qu'il était trop tard pour poursuivre la carrière qu'elle avait menée durant trois décennies. Elle avait à présent la cinquantaine et ne se sentait plus capable de repousser les critiques que l'on ne manquerait pas de lui adresser. « Je tiens à me retirer en beauté », confia-t-elle à la presse. Quelques années plus tôt, Liane de Pougy l'avait rencontrée et la décrit ainsi : « J'ai aperçu, sur les Champs-Elysées, une grosse dame, très belle de visage, avec une certaine allure, vêtue de somptueuses fourrures, de grosses perles aux oreilles. C'était mon Otero ! Il y a vraiment de la beauté pour tous les âges... Elle roulait un peu sur sa graisse, mais portait beau et son ovale splendide n'était pas déformé. »

Peu après son retour à Paris, elle décida d'aller s'installer dans le Midi, où elle acheta une grande villa. Malgré la perte des valeurs russes qu'elle possédait au moment de la révolution, il lui restait encore une fortune, en argent et en bijoux. Mais, durant ses dernières années, plus l'existence lui parut vide, plus elle fréquenta les casinos.

IX

La roue tourne

Les pertes au jeu de la belle Otero augmentèrent avec les années. Elle ne recevait plus de présents de ses anciens admirateurs, dont beaucoup avaient d'ailleurs perdu fortune et position sociale à la suite de la Grande Guerre.

Le grand *danseur noble* et chorégraphe de réputation internationale, Anton Dolin, qui fit partie de la compagnie des Ballets Russes et se produisit plusieurs saisons à Monte-Carlo, fut témoin de sa déveine dans les salles de jeu :

« Durant l'été 1936, j'étais à l'affiche de deux grands galas, au casino de Juan-les-Pins. Après le second spectacle, je me souviens être entré dans les salles de jeu. La soirée était déjà très avancée. Soudain, j'aperçus à l'une des tables la belle Otero. Je m'étais toujours intéressé à sa carrière, car elle représentait une époque qui me passionnait. Un exemplaire de ses Mémoires, publiés dans les années vingt et qui avaient scandalisé beaucoup de gens, m'avait été envoyé par les propriétaires de la Librairie d'Hollywood. Otero avait dit un jour que cet ouvrage lui avait coûté bien des amitiés, ce qui est inévitable lorsqu'on prend le parti d'écrire avec honnêteté et franchise.

Je la revois, assise là ; elle avait un port de reine et était très élégante dans une robe de velours noir, de longs gants noirs et un sautoir de perles. Je ne pourrais dire si les perles étaient vraies ou fausses, mais je pense qu'à cette époque elles l'étaient encore. Elle ne perdit tout son argent au jeu que plus tard. Elle avait possédé des parts du casino de Juan-les-Pins, mais elle finit par les jouer aussi.

Elle faisait une partie de chemin de fer, le seul jeu auquel je n'ai jamais aimé jouer. Il ne restait plus de place à sa table. On me connaissait, au casino, mais à la différence de la belle Otero, qui à mon arrivée tenait la banque, je n'étais pas un joueur invétéré. Pourtant, comme on en était aux enjeux, je lançai "banco !". Je dois avouer que le croupier se tourna pour me regarder en marquant une certaine surprise. J'avais eu l'impression que la mise était de cinquante livres, mais il se révéla par la suite qu'elle était bien plus considérable. Rien d'étonnant à ce qu'il m'ait dévisagé ! J'aurais alors été incapable de tirer un chèque d'un montant aussi élevé. Je ne m'étais pas rendu compte, en effet, que la mise du banquier s'élevait à cinq cents livres, somme considérable pour l'époque.

Le croupier s'adressa en français à la belle Otero pour lui demander :

— Vous donnez tout ? Vous passez la main ?

— Non, non, je donne tout.

Je tirai deux "dix", qui valaient zéro. Je demandai une troisième carte, qu'elle tira à découvert. C'était un as. Je sentis le cœur me manquer. Je me dis "Oh ! mon Dieu !", bien que j'eusse encore ignoré le montant exact de la mise. Elle avait deux cartes. C'étaient deux "dix". Elle en tira une troisième. C'était un autre "dix". Je dois avouer qu'il y eut des exclamations de surprise, à la table. J'avais gagné tout cet argent, cinq cents livres, sur un simple "un".

La belle Otero leva les yeux et me dit en français :

— Bonne chance, monsieur. Je me serais bien accommodée de cela moi aussi.

C'est alors seulement que j'appris de quelle somme il s'agissait et je faillis avoir une congestion cérébrale, à la pensée que j'avais osé crier "banco !" pour une mise bien supérieure à mes moyens.

Otero inspirait un véritable respect à tout le monde. Elle avait été l'une des plus célèbres courtisanes de son temps, mais aussi une grande artiste. Il m'avait été donné de voir, à Paris, l'une de ses rivales, Cléo de Mérode, lorsqu'elle dansait à l'Empire. Je m'étais rendu à son spectacle en compagnie de Diaghilev et nous étions allés la saluer dans sa loge. Elle avait pour partenaire un danseur anglais, Rupert Doone, célèbre pour l'amitié qui le liait au peintre Duncan et au fait qu'il était l'un des protégés de Jean Cocteau.

Lorsque Caroline quitta la table de jeu, tous les hommes se levèrent. D'ordinaire, au casino de Juan-les-Pins, un seul employé se tenait près de la porte, mais lorsque la belle Otero voulut quitter les lieux un couple de chasseurs se précipita pour la lui ouvrir à deux battants ; elle fit une sortie aussi majestueuse qu'elle avait fait une entrée remarquée.

Il m'arrivait souvent de la voir se promener dans Juan-les-Pins : d'une taille élancée, elle était toujours élégante et se tenait droite comme un i. Il y eut une vente de ses objets personnels, à Nice. J'aurais bien aimé y assister, afin de témoigner une dernière fois le respect que j'éprouvais pour cette femme unique.

J'avais remis un exemplaire de ses souvenirs à l'administrateur du Radio City Music Hall. Nous avions formé le projet de monter une grande comédie musicale, à partir de la biographie de la belle Otero, et Agnès de

Mille s'y était vivement intéressée. Il y a plus de trente ans que nous avons ébauché ce projet, mais aujourd'hui encore je ne vois pas qui mieux qu'Agnès de Mille pourrait en assurer la chorégraphie. »

Ses richesses diminuèrent donc en même temps que s'accroissait son penchant irrésistible pour le jeu. Pour régler ses dettes, elle engagea l'île du Pacifique que lui avait donnée le mikado, la villa de Saint-Moritz, les fabuleux bijoux ; tout fut risqué sur un coup de dés ou le retournement d'une carte.

En 1941, à Nice, elle emménagea dans un petit hôtel du quartier des étudiants, au 26 de la rue d'Angleterre, encadré par la boutique d'un plombier et un salon de coiffure. Son étroite entrée se prolongeait par un escalier raide, sans tapis, qui conduisait à la réception, située au premier étage. C'est là, dans ce quartier surpeuplé, mais chaleureux, de Nice que Nina passa la fin de sa vie. Elle y faisait ses courses, achetait chaque jour des plats cuisinés pour son déjeuner et, toutes les semaines, une demi-bouteille de champagne.

A son arrivée, elle avait pris tout un appartement, mais quand sa situation financière se détériora elle s'installa dans une partie moins coûteuse de l'hôtel. Finalement, elle ne garda qu'une pièce en angle, au second étage, sur la façade, la chambre onze. Cette chambre se prolongeait par un petit balcon, sur lequel elle nourrissait les pigeons et mettait du linge à sécher.

L'élément principal du mobilier de cette modeste pièce était un divan haut sur pied, sur lequel elle dormait, la nuit, et s'asseyait pour lire ou écouter la radio, le jour. Derrière ce divan, sur le manteau de la cheminée, se trouvait le portrait que l'empereur d'Allemagne avait fait faire d'elle. A côté, elle avait accroché la photographie de Maria Félix, qui avait tenu son rôle dans un film français consacré à l'histoire de sa vie. Les revenus des droits de ce film lui permirent de vivre ses derniers jours sans éprouver trop d'inquiétude. Un crucifix en ivoire de peu de valeur, qui avait appartenu à sa mère, et une pendulette bon marché se trouvaient aussi sur la cheminée. Les murs étaient tapissés de photographies des diverses étapes de sa carrière. A l'une des extrémités de la pièce, un réchaud était installé sur une petite table appuyée contre le mur. Au-dessus, Nina avait posé une plaque offerte par la république Argentine, afin de commémorer la tournée faite dans ce pays, bien des années auparavant. Dans un angle, un rideau masquait un petit cabinet de toilette.

Durant ses dernières années, Nina disposa d'un maigre revenu. L'argent provenait de trois sources : une petite retraite qu'elle recevait de la mairie de Nice et deux modestes pensions que lui assuraient les casinos de Monte-Carlo et de Cannes. Nonagénaire, elle se tenait encore admirablement droite et sa vision, ainsi que son ouïe, demeurèrent parfaites jusqu'à la fin.

Elle en était venue peu à peu à mener une existence de recluse, elle refusait de recevoir des visites, en particulier celles des journalistes. Lors de son quatre-vingt-dixième anniversaire, pourtant, elle accorda une entrevue à l'un d'eux. Il fut admis dans la petite chambre et Caroline Otero évoqua pour lui son passé :

« J'étais vraiment très belle, tout le monde le sait. Je ne me contentais pas de l'être, pourtant ; j'étais aussi une grande artiste. Si vous m'aviez vue dans *Carmen*... Et je savais danser. Je dansais d'une manière que vous ne pourriez imaginer. »

Elle faisait allusion aux mouvements provocants et sensuels qui l'avaient rendue célèbre. Elle passa sur le balcon pour nourrir les pigeons et l'un des oiseaux vint se poser sur son épaule. Elle poursuivit :

« Je ne désire plus que le repos et le calme, à présent. Je reçois souvent des invitations, mais je ne veux pas être un simple objet de curiosité. Je n'ai pas eu de chance, voilà tout. Voici quinze ans que je vis dans cette petite chambre. Auparavant, j'avais une jolie villa, que j'avais fait construire en 1927.

Aujourd'hui, je donne souvent des leçons de piano et de guitare, mais personne ne me paie. Je me sens vaincue par la vie. Je n'ai plus eu de chance depuis que j'ai perdu le grand amour de ma vie, l'un des hommes politiques les plus importants, les plus célèbres de France. Il veillait sur moi comme si j'avais été un enfant. Quand il est mort, ma vie a été brisée. Oui, il ne me reste que la solitude. J'ai déjà acheté une concession au cimetière. »

Elle interrompit ses allées et venues à travers la pièce et se laissa tomber, épuisée semblait-il, sur le divan.

Elle avait non seulement payé la concession, mais aussi une pierre tombale et réglé son enterrement, afin d'être certaine qu'il serait digne du rang qu'elle avait jadis occupé.

« A Monte-Carlo, reprit-elle, il m'est arrivé une fois de perdre trente millions de francs. A présent, j'ai horreur du jeu. Je lis beaucoup, j'écoute ma petite radio et j'ai une véritable passion pour la musique. Je joue du piano et de la guitare pour mon plaisir.

J'ai mené une vie tout à fait passionnante, mais tout cela est terminé. Je parle l'espagnol, le français, l'anglais, un peu d'allemand et de russe. J'ai vécu longtemps en Russie, à la cour du tsar Nicolas II. Un jour, il me dit : "Comment puis-je vivre sans te connaître et sans t'aimer ?" »

Elle se leva et se dirigea vers le mur pour indiquer un cliché pâli de l'ex-tsar, portant une affectueuse dédicace.

« Nulle reine n'a jamais vécu comme je l'ai fait, ajouta-t-elle avec fierté, car moi, j'ai connu de nombreux rois. »

Quelle avait été la plus grande émotion de sa vie ?

"Gagner au jeu."

Et la seconde ?

"Perdre, affirma-t-elle sur un ton ironique, en reprenant les propos d'un joueur célèbre. Qui a bu boira, qui a joué jouera", conclut-elle avec philosophie, ayant sans doute oublié avoir prétendu que le jeu lui faisait désormais horreur.

Là-dessus, elle mit le jeune journaliste à la porte.

En vieillissant, elle devint acariâtre et misanthrope. Elle finit par faire déposer ses provisions dans un panier qu'elle descendait et remontait depuis son balcon.

« Elle n'était pas aimable, m'avoua le marchand de vin, son voisin. Un jour, je lui avais demandé son âge, en manière de plaisanterie. Elle me jeta un regard froid, mais heureusement ne s'emporta pas. Elle venait souvent m'acheter une demi-bouteille de son champagne favori : du Montebello demi-sec. "Gardez vos conseils, me dit-elle d'un ton cassant, une fois où j'osais lui suggérer un champagne qui venait de m'être livré, je ne vous ai pas attendu pour connaître les meilleures marques" »

Une autre de ses voisines, Mme Beraumont, se souvenait que Caroline Otero l'avait priée de lui rapporter une tarte aux oignons et aux tomates : « J'avais oublié de la prendre avec des olives et des filets d'anchois, ce que nous appelons la pissaladière à la niçoise. Quand je lui expliquai que celle que je lui avais rapportée ne correspondait pas à l'ancienne recette niçoise, elle me jeta un regard méprisant. Il lui arrivait aussi de me demander de lui rapporter des pieds de porc pour préparer une soupe. »

Quand elle était contrariée, elle manifestait parfois son redoutable caractère. Un jour d'hiver, elle lança une cuvette d'eau froide sur un homme qui faisait de lourdes plaisanteries dans la rôtisserie du quartier ; en une autre occasion, vexée de la manière dont un commerçant lui adressait la parole, elle prit un camembert et le lui jeta à la tête.

Une jeune vendeuse de chaussures se souvient encore du jour où un membre du gouvernement yougoslave rendit visite à Caroline Otero et exprima le désir de revenir dans la soirée, en apportant du caviar, du saumon fumé et du champagne. Nina fit demander qu'on lui monte une série de paires de chaussures pour qu'elle puisse choisir : « Elle essaya tout ce que je lui présentai, mais ne m'acheta rien. Cela lui prit une heure et j'eus le temps de bien examiner sa chambre. Elle était parfaitement rangée, mais peu meublée. A un moment, elle prit une carte postale sur un mur couvert de photographies. "Avez-vous jamais entendu parler de Gabriele d'Annunzio ?"demanda-t-elle. Avant que j'aie pu répondre par la négative, elle ajouta : "Il m'avait envoyé cette carte. Au dos, il a écrit un petit poème." La carte était dédicacée à la "Signora Caroline Otero... pour sa fraîche beauté, avec ma plus profonde affection". »

Bien qu'elle fût pauvre, elle n'en donnait pas l'impression aux commerçants de son quartier. M. Entressangle, le propriétaire de la rôtisserie voisine, remarquait :

« Elle avait toujours beaucoup d'argent sur elle. Une fois, elle me montra qu'elle transportait plusieurs millions en billets de banque dans son sac à main. Je lui avais dit qu'il n'était pas raisonnable de sortir dans les rues avec des sommes pareilles. [Ces billets correspondaient peut-être aux droits du film réalisé d'après ses Mémoires.] Elle avait assuré à ma petite nièce, Sylvie Guigo, alors âgée de trois ans, qu'elle serait son héritière. Comme nous nous étions mis à rire, Mme Otero s'était écriée : "Si, si, vous serez surpris !" Un jour, une femme me confia une photographie de la belle Otero, prise au temps où la danseuse était célèbre, et elle me demanda s'il était possible de la lui faire dédicacer. Mme Otero s'y refusa en protestant : "Je ne connais pas cette dame. La photographie vaut déjà cinq cents francs. Il n'y aucune raison que j'ajoute à sa valeur en la dédicaçant !" »

Un autre de ses voisins soulignait : « Elle aimait beaucoup les animaux et donnait à manger aux pigeons dans les rues. Chaque fois qu'elle voyait un chat ou un chien, dans une boutique, elle donnait des conseils sur la manière de les nourrir et se baissait toujours pour les caresser, en s'appuyant avec difficulté sur sa canne. »

Il lui arrivait de temps à autre de recevoir des bouquets de fleurs. Si elle laissait entendre qu'ils lui étaient adressés par d'anciens admirateurs, la rumeur publique prétendait, non sans malice, qu'elle se les adressait à elle-même « pour maintenir les apparences ». Pour les mêmes raisons, elle annonçait parfois à ses voisins ou aux commerçants qu'elle attendait un visiteur, mais la femme de chambre avait l'impression que les propos tenus en espagnol, dont l'écho parvenait de la chambre de Mme Otero, l'étaient par la danseuse elle-même, qui souhaitait faire croire qu'elle avait de la compagnie.

Asunta Giovagnigni, la propriétaire du café Le Colbert, situé en face de l'hôtel de Nina, la seule femme à qui la danseuse fit des confidences durant ses dernières années, ne la vit jamais démoralisée. Asunta avait fait sa connaissance lorsqu'elle avait accepté de remplacer, pendant les vacances, la femme du plombier, qui montait chaque jour à Nina un bloc de glace pour sa glacière.

« Mme Otero s'est très vite attachée à moi. Au retour de la femme du plombier, elle lui a annoncé qu'à l'avenir elle n'aurait plus besoin de se déranger, que je me chargerais de la glace. Je lui rendais donc visite tous les jours et j'écoutais ses histoires. Je les suivais avec beaucoup d'intérêt, mais je n'étais pas bavarde. Je n'ai jamais répété ce qu'elle me disait, aussi avait-elle confiance en moi. Il me semblait que cela la réconfortait de parler de son passé. Voilà comment, durant les dix années que je l'ai connue, j'ai prêté l'oreille à ce qu'elle me racontait, tandis que je mettais de l'ordre dans sa chambre ou que je m'asseyais près d'elle pour lui tenir compagnie.

Mata-Hari avait été l'une de ses amies. On l'a fusillée pendant la Première Guerre mondiale et chaque fois que l'on parlait d'elle, le plus souvent en termes désagréables, Mme Otero disait : "Laissez-la donc tranquille. On l'a tuée. N'en parlons plus."

Mon mari et mon frère me conseillaient toujours d'écrire ses histoires, sous prétexte qu'après sa mort elles me rendraient célèbre. Je n'en ai rien fait. J'aimais trop cette vieille dame.

Elle avait peur des journalistes et des photographes. Certains jours, ils attendaient qu'elle descende. Mais elle savait qu'ils étaient là et ne sortait pas. Ils ont souvent essayé de nous soudoyer, mon mari et moi, et une fois j'ai accepté leur argent, mais je suis montée lui conseiller de rester chez elle.

Ils demeuraient là des heures et l'attendaient même quelquefois des journées entières, puis ils entraient au café et je leur disais : "Voyons, inutile de poireauter. Elle ne vous recevra jamais. Elle sort à neuf heures du matin et à midi. Prenez une photographie d'elle à ce moment-là." Mais quand ils essayaient elle levait toujours sa canne dans leur direction et leur criait : "Allez-vous-en ! *Allez-vous-en !*".

Elle avait une entière confiance en moi et comme elle ne disposait pas du téléphone, lorsqu'elle souhaitait me voir, elle laissait pendre quelque chose par la fenêtre. »

Asunta abandonnait ce qu'elle était en train de faire, annonçait à son mari et à ses clients : « Elle a besoin de moi », puis elle traversait la rue et montait rejoindre son amie.

Un journaliste du nom d'Innocenzi était venu de Marseille dans l'espoir de se voir accorder un entretien. Il fut reçu fraîchement à l'hôtel de la rue d'Angleterre, où on lui annonça qu'elle ne voyait jamais ni journaliste, ni photographe. Il décida tout de même de rester et prit une chambre dans un hôtel situé en face de celui de Nina. Vers sept heures, le lendemain matin, il fut réveillé par un roucoulement de pigeons et ouvrit sa fenêtre pour voir un vol se poser sur le balcon de la chambre du second étage, de l'autre côté de la rue. Nina passa sur le balcon et le jeune journaliste ne put détacher ses yeux de cette femme de quatre-vingt-dix-sept ans, au maintien aristocratique, qui distribuait de la nourriture aux oiseaux. Elle portait une simple robe de chambre de laine bleue et une paire de vieilles pantoufles. En dépit de l'heure matinale, elle était déjà fardée, mais il ne put s'empêcher de penser que son maquillage était celui d'un autre âge et qu'il reflétait sans doute les habitudes du début du siècle. Elle avait en effet mis beaucoup de poudre, du rouge aux joues et trop de rouge à lèvres. Ses cheveux blancs avaient des reflets bleutés et il était visible qu'elle s'était coiffée avec soin. Après s'être occupée des pigeons, elle réintégra sa chambre et, par la fenêtre demeurée ouverte, le journaliste vit qu'elle faisait son lit. Elle versa alors un peu de lait dans un bol, ajouta des morceaux de sucre et but en quelques gorgées. Ayant terminé son petit déjeuner, elle lava le bol et le reposa à sa place, sur une étagère. Elle sortit de nouveau sur le balcon et mit à sécher six serviettes de toilette, qu'elle avait lavées dans une cuvette.

Son habitude de nourrir les pigeons indignait les voisins. Ils déposèrent une plainte au commissariat de police, mais les policiers ne parvinrent pas à l'en dissuader. Quand ils vinrent la trouver, elle réussit à les convaincre : « Voyons, messieurs. Jadis, je charmais les hommes. Aujourd'hui, je suis vieille, je ne peux plus le faire ; je me contente donc de charmer les oiseaux. Allez-vous m'en empêcher ? »

Ils la laissèrent en paix.

La plupart de ses admirateurs étaient morts, à présent, mais il lui en restait tout de même quelques-uns. L'un d'eux occupait un petit studio, dans l'avenue voisine de la Victoire, et venait chaque jour devant son hôtel, dans l'espoir de l'apercevoir. Un autre, qui se souvenait d'elle quand elle avait dix-huit ans, se mettait sur son passage, lors de ses promenades quotidiennes, et lui offrait des paquets de Gauloises, qu'elle prenait pour ne pas le vexer ; ne fumant pas, elle les donnait par la suite, le plus souvent à Asunta.

Le matin du 11 avril 1965, Nina quitta son hôtel pour se rendre, selon son habitude, sur la promenade des Anglais ; vers onze heures et demie elle s'arrêta à la rôtisserie, où elle achetait des plats cuisinés. La propriétaire n'a pas oublié qu'elle lui prit ce jour-là deux petites portions de pot-au-feu et de civet de lièvre, non sans préciser qu'elle attendait quelqu'un pour le déjeuner. Elle regagna sa chambre, alluma le gaz, mit les plats à chauffer et s'assit sur son divan. Vers deux heures quarante-cinq de l'après-midi, Angèle, la femme de chambre, eut l'impression qu'une odeur de brûlé provenait de sa chambre. Elle alla chercher Mme Dêpo, la propriétaire. Comme elles frappaient sans recevoir de réponse, Mme Dêpo demanda à la jeune fille d'aller chercher Asunta, au café Le Colbert. Asunta traversa la rue en toute hâte, mais ne reçut pas davantage de réponse. Elle appela donc la police, qui vint enfoncer la porte.

Nina s'était affaissée en travers du divan, victime d'une crise cardiaque. Son repas était carbonisé sur le gaz et il n'y avait pas trace de visiteur. En avait-elle vraiment attendu un ou l'avait-elle simplement prétendu. Comme il lui arrivait sans doute de le faire pour se remonter le moral ?

Elle avait depuis longtemps fait promettre à Asunta de procéder de la manière suivante :

« Le jour où je mourrai, je tiens à ce que personne, en dehors de vous et de la police, n'entre dans cette pièce. »

Quand Mme Dêpo voulut y pénétrer de force, Asunta l'en empêcha, afin de respecter les dernières volontés de Nina. Le médecin légiste vint constater le décès et le corps fut emporté à la morgue.

L'enterrement eut lieu le lundi suivant le dimanche des Rameaux, au cimetière de l'Est, en présence d'une poignée de personnes, dont Asunta et son mari. Un homme, en larmes, disait :

« J'entendais les gens parler d'elle quand j'étais haut comme ça... Quelle femme ! Elle aurait pu empêcher la Grande Guerre. »

Un homme brun, de haute taille, que personne n'avait jamais vu, se tenait à l'écart. C'était l'Algérien que Nina avait adopté à l'âge de deux ans et qu'elle avait appelé Edouard. Il avait une cinquantaine d'années, à présent. Peut-être était-ce lui qu'elle avait attendu à déjeuner, le jour de sa mort ? Il ne révéla pas son identité. Il s'éclipsa en effet avec autant de discrétion qu'il était apparu et nul ne le revit avant le mois de décembre suivant, à la vente des biens de Caroline Otero.

L'une des trois couronnes de fleurs auxquelles les personnes présentes ne prêtaient guère d'attention avait été envoyée de façon anonyme. Les fleurs avaient été disposées en forme de roulette et le ruban qui les barrait portait l'inscription *La roue tourne*, afin de symboliser le déroulement de sa vie. On estimait qu'elle représentait l'ultime hommage des croupiers du casino de Juan-les-Pins à l'habituée de choix qu'elle avait été.

La presse fit état de son décès. Un journaliste prétendit que « cette volcanique Andalouse, amie des grands de ce monde », avait été « la reine incontestée du demi-monde, à la Belle Epoque ». Un autre affirmait : « La Côte d'Azur a perdu l'une de ses héroïnes. Elle n'a pas seulement été célèbre pour sa beauté et ses nombreuses conquêtes, mais pour sa réputation de "croqueuse de diamants" et pour son tempérament, son sang chaud, qui lui ont valu son célèbre caractère. »

Anne Manson, qui a consacré des pages à Caroline Otero, dans son ouvrage *La Belle Epoque,* et qui était allée lui rendre visite en 1948, avait prophétisé : « Quand la belle Otero ne sera plus, avec elle disparaîtra l'ultime symbole d'une époque, tout à la fois superficielle, légère, vertueuse et cynique, cupide et pourtant follement extravagante dans ses plaisirs, pleine de défauts, mais non dénuée d'une certaine grandeur. »

Une célèbre voyante, Mlle Delyane, qui examinait, depuis sa jeunesse, les paumes des clients célèbres de l'hôtel de Paris, à Monte-Carlo, où Nina descendait souvent, se souvenait avoir vu celles de Mme Otero, qu'elle qualifiait de « *la belle des belles de la Belle Epoque* » : « Elle avait dans la main une ligne de cœur extraordinaire, qui correspondait à une vie amoureuse passionnée. » Quand on lui apprit la mort de Nina, elle la commenta en ces termes : « Une page, et quelle page, de l'histoire de la Côte vient d'être tournée. » Et *Nice-Matin* affirmait : « *Elle quitte l'Histoire pour entrer dans la légende.* »

Remerciements

Je tiens à exprimer mon extrême reconnaissance à Mme Gallico et à sa fille Ludmilla pour l'aide qu'elles m'ont apportée lorsque j'ai effectué les recherches préliminaires à cet ouvrage, dans le Midi de la France. L'enthousiasme qu'elles ont manifesté à l'égard du sujet, leurs conseils et leur contribution à la traduction des interviews et autres articles publiés dans la presse française ont rendu bien plus passionnante la tâche que je m'étais assignée.

Ma gratitude va aussi à Stanley Hall, Peter Day, Bruce Hunter, Alan Brooke, Lucy Moore, John Burden, Sheila Brennan et Bobo Faulkner pour leurs suggestions à propos des sources ou du contenu de ce livre.

Outre les auteurs consultés, je remercie les journaux anglais et français suivants : *The Times, The Guardian,* le *Daily Telegraph, The Observer, France-Dimanche, Nice-Matin, Le Provençal* et bien d'autres publications internationales, trop nombreuses pour que je puisse toutes les citer.

J'éprouve une reconnaissance toute particulière pour Secker & Warburg, les éditeurs anglais des ouvrages de Colette, intitulés *Mes apprentissages* et *L'envers du music-hall,* pour m'avoir autorisé à citer les passages consacrés à la belle Otero.

Je voudrais remercier enfin Sir Anton Dolin et Mme Asunta Giovagnigni, qui ont bien voulu me consacrer du temps et évoquer devant moi leurs rencontres avec Caroline Otero, ainsi que tous ceux qui ont souhaité conserver l'anonymat.

Cet ouvrage a été composé par Facompo
et imprimé par la S.E.P.C. à Saint-Amand-Montrond (Cher)
pour le compte des éditions Belfond

Achevé d'imprimer en janvier 1984

Dépôt légal : janvier 1984.
N° d'Édition : 636. N° d'Impression : 1765.
Imprimé en France